具日會(クイルフェ)の
手軽にできる
韓国家庭料理

三修社

はじめに

　韓国家庭料理が人気を集め、専門の料理店も数多く見かけられるようになりました。大変うれしいことですが、韓国料理というと、まだ、焼肉と辛いキムチを思い浮かべる方も多いようです。しかし、あまり紹介されていないのですが、辛くない料理や甘いデザートなども豊富で多彩——それが本来の韓国家庭料理です。
　そこで、この本では、そうした多彩な韓国の本場の家庭料理を、簡単に手に入る食材を使って、手軽においしく作れる料理法を紹介します。

▼

　韓国家庭料理は、季節の豊富な野菜、海産物、香辛料などを使って作りますから、現代人に不足しがちなビタミン、ミネラル、カルシウムも豊富に摂れるヘルシーで栄養バランスにとても優れた料理です。
　特に、知らず知らずに野菜の繊維を多くとることができますから、便秘や貧血にもとても効果的で、女性の強い味方です。さらに、唐辛子の辛さはエネルギーの代謝をよくしますから、"おいしく食べてダイエット"がしたいという方にも最適。
　もちろん、女性だけでなく、仕事で疲れぎみのご主人にはスタミナ料理として、元気盛りのお子様には身体によいおやつを…というように、ご家族全員の健康作りに役立つ料理です。

また、忙しい主婦の方にとって、毎日の献立を考えるのはたいへんですが、韓国の家庭料理は作り置きできるものが多く、テーブルの上のアクセント料理として、とても重宝です。

▼

　この本では、豊富なメニューを掲載して、ご飯のおかずはもちん、酒の肴、お弁当のおかず、お子さまのおやつに、パーティにと、どんな時にも喜ばれる料理を、自由自在に選んで料理ができるようになっています。

　お年寄りやお子様には辛さをひかえて、辛い物がお好きな方には少し辛目にと、それぞれのご家庭の味でお楽しみください。

　今まで、作ってみたいけれども食材の入手やたれの作り方が難しそう、と思っていらっしゃった方も、今夜のメニューからどうぞ韓国家庭料理で腕をふるってください。

▼

　最後に私が韓国家庭料理教室を開く時、当時、愛知韓国学校の派遣教師の夫人であった朴昭映女史の公私にわたってのご協力に深く感謝申し上げます。また、この本の発刊にあたり育英出版社の鶴岡正夫社長に心よりお礼申し上げます。

　皆様の健康と、食文化の交流を通じて、日本と韓国があたたかな隣人としてお付き合いできる一助に本書がなれたらと願っています。

具日會（クイルフェ）

手軽にできる 韓国家庭料理

CONTENTS <1>

■PART1　韓国家庭料理──単品173種類（料理は4〜5人分）

Ⅰ. 汁 物　　　　　　　　　　　　　　　　　　　　　　　　PAGE

- 1. ユッケジャン（肉の辛いスープ）……………………………12・13
- 2. 鶏肉と野菜のスープ
- 3. テールと野菜のスープ
- 4. ぎょうざのスープ（マンデゥック）……………………………14・15
- 5. 牛の尾のスープ
- 6. 牛肉のスープ
- 7. 里芋のえごま汁 …………………………………………………16・17
- 8. 豆腐とあさりの汁
- 9. しろ菜と鯛の味噌汁
- 10. ふきとタニシのスープ …………………………………………18・19
- 11. どじょう汁（チュッタン）
- 12. 白身魚のだんごスープ
- 13. きゅうりとわかめの冷やしスープ ……………………………20・21
- 14. 参鶏湯（鶏のスープ）
- 15. 大豆もやしのスープ ……………………………………………22・23
- 16. よもぎのお汁
- 17. 韓国の雑煮（トック）

Ⅱ. 鍋 物　　　　　　　　　　　　　　　　　　　　　　　　PAGE

- 18. わかめのすいとん ………………………………………………24・25
- 19. 海産鍋（たらのメウンタン）
- 20. じゃがいも鍋（カムジャタン）
- 21. 辛い貝鍋 …………………………………………………………26・27
- 22. ホルモン鍋
- 23. あんこう鍋（アグタン）…………………………………………28・29
- 24. 海産鍋（たこのメウンタウン）

Ⅲ. あえ物　　　　　　　　　　　　　　　　　　　　　　　　PAGE

- 25. 納豆のコチュジャンあえ ………………………………………30・31
- 26. 切り干し大根のメンタイコあえ
- 27. トラジ（ききょうの根）のあえ物

	PAGE
28. 岩のりのあえ物	30・31
29. くずきりのあえ物	
30. オクラのあえ物	32・33
31. ごぼうのあえ物	
32. かりかりきゅうりのマヨネーズあえ	
33. かりかりきゅうりのあえ物	
34. 姫竹ときくらげのあえ物	
35. 姫竹とにらのあえ物	
36. ほうれん草ののり巻き	34・35
37. するめのあえ物	
38. 生菜（たんぽぽのあえ物）	
39. 生菜（サニーレタスのあえ物）	
40. 生菜（サラダ菜のあえ物）	
41. 生菜（三つ葉とねぎのあえ物）	36・37
42. 生菜（そばの葉のあえ物）	
43. 生菜（大根とにんじんのあえ物）	

Ⅳ. ナムル

	PAGE
44. 大豆もやし	38・39
45. ほうれん草	
46. わらび	
47. そばの葉	
48. しいたけ	
49. もやし	40・41
50. 春菊	
51. 唐辛子の葉	
52. ふきの葉	
53. 九品のおひたし	

Ⅴ. 酢の物

	PAGE
54. たらの白子のあえ物	42・43
55. クラゲの辛子あえ物	

手軽にできる 韓国家庭料理

CONTENTS <2>

	PAGE
56. 生がきのあえ物	42・43
57. なまこのあえ物	
58. 鶏肉のあえ物	44・45
59. 干したら（ミョンテ）のあえ物	
60. いいだこと大根のあえ物	
61. いかとトラジ（ききょうの根）のあえ物	46・47
62. わかさぎの甘酢あえ	

Ⅵ. 野菜のおかず　　　　　　　　　　　　　　　　　PAGE

〈炒め物、蒸し物、煮物、揚げ物、焼き物〉

	PAGE
63. チャプチェ（はるさめの炒め物	48・49
64. 韓国かぼちゃの炒め物	
65. にんにくの茎の炒め物	
66. 小なすの肉詰め蒸し	
67. とうふの蒸し物	50・51
68. ししとうの肉詰め蒸し	
69. 卵と豆腐の蒸し物	
70. そばのム	52・53
71. どんぐりのム	
72. とうがんの煮物	
73. 揚げなすの詰め物	54・55
74. キャベツのえごま煮	
75. 高麗人参の天ぷら	
76. 松茸の焼き物	56・57
77. だし昆布のおつまみ	
78. 焼き豆腐	
79. わけぎのお好み焼き（パジョン）	

Ⅶ. 魚のおかず　　　　　　　　　　　　　　　　　　　PAGE

〈焼き物〉
80. 焼き魚（このしろ）・・・・・・・・・・・・・・・・・・・・・・・・・・・・・・・・・・58・59
81. 白身の魚のお好み焼き
82. いか焼き
83. ひもの（さより）の焼き物・・・・・・・・・・・・・・・・・・・・・・・・・・60・61
84. たち魚の焼き物
〈揚げ物〉
85. あんこうのあんかけ（アグチム）
86. チョギ（いしもち）の揚げあんかけ
〈蒸し物〉
87. 鯛の姿蒸し・・・・・・・・・・・・・・・・・・・・・・・・・・・・・・・・・・・・・・・62・63
88. えいの蒸し物
89. えびの蒸し物・・・・・・・・・・・・・・・・・・・・・・・・・・・・・・・・・・・・64・65
90. 蒸しがに
91. 棒だら（ミョンテ）の蒸し物
〈煮物〉
92. たち魚と大根の煮物・・・・・・・・・・・・・・・・・・・・・・・・・・・・・66・67
93. いわしのアスパラ巻煮
94. めばるの煮物
95. いいだこの煮物・・・・・・・・・・・・・・・・・・・・・・・・・・・・・・・・・68・69
96. かにの煮込み
〈炒め物〉
97. じゃこの炒め物
〈さしみ〉
98. いかのさしみ
99. さしみ3品・・・・・・・・・・・・・・・・・・・・・・・・・・・・・・・・・・・・・・70・71
100. えいのさしみ
101. まぐろのあえ物
102. あわびのさしみ

手軽にできる 韓国家庭料理
CONTENTS <3>

Ⅷ. 肉のおかず　　　　　　　　　　　　　　　　　　　PAGE

〈牛肉〉
103. 牛肉の網焼き ·· 72・73
104. 牛肉のフライパン焼き
105. 牛肉とキムチの串さし
106. 牛肉の串焼き
107. 骨つきカルビ肉の煮物（カルビチム）
108. 牛肉のしょうゆ漬け ·· 74・75
〈すじ〉
109. 牛すじ肉の煮物
110. アキレスケンの煮物
111. 牛アキレスのゼリー固め ·· 76・77
〈たん〉
112. ゆでタン
〈豚肉〉
113. ゆで豚肉
114. キムチの豚肉巻 ·· 78・79
115. 豚肉スペアーリブの蒸し物
116. 豚肉とキムチの炒め物
〈かしわ〉
117. 鶏肉の揚げ煮 ·· 80・81
118. 砂肝の野菜煮
119. 砂肝の串焼き

Ⅸ. キムチ　　　　　　　　　　　　　　　　　　　　　PAGE

〈白菜〉
120. 白菜のキムチ ·· 82・83
121. 白菜の水キムチ
122. 即席水キムチ
123. 白菜のキムチ（かき入り） ······································ 84・85
〈大根〉
124. 大根のキムチ（カクテギ）
125. 大根の丸漬け（トンチミ）

	PAGE

〈大根〉
126. 大根のキムチ ……………………………………… 86・87
127. チョンガーキムチ
128. 小かぶのキムチ
129. 大根巻きキムチ ……………………………………… 88・89
〈きゅうり〉
130. きゅうりの漬物（オイキムチ）
131. きゅうりの水キムチ
〈青菜〉
132. 大根葉のキムチ ……………………………………… 90・91
133. からし菜のキムチ
134. 青菜の水キムチ
135. チンゲン菜の水キムチ ……………………………… 92・93
136. キャベツの即席キムチ
〈しょうゆ漬け〉
137. 蔓にんじん（トド）のコチュジャン漬け
138. えごまの葉のしょうゆ漬け ………………………… 94・95
139. 豆（枝豆）の葉のしょうゆ漬け
140. いかの塩辛

X．ご飯類　　　　　　　　　　　　　　　　　　　PAGE

141. ピビンパ（混ぜご飯） ……………………………… 96・97
142. 五穀飯（オゴッパ）
143. 朝鮮人参（高麗人参）入りご飯
144. 豆もやしご飯 ………………………………………… 98・99
〈おかゆ〉
145. 松の実のおかゆ（チャッチュ）
146. あわびのおかゆ（チョンボックチュ）
147. 白ごまのおかゆ ……………………………………… 100・101
148. あずきのおかゆ
149. 黒ごまのおかゆ

手軽にできる
韓国家庭料理
CONTENTS <4>

	PAGE
150. かぼちゃのおかゆ（ホバッチュ）・・・・・・・・・・・・・・・・・・・・・・・・・	102・103
151. 緑豆のおかゆ	
152. たらの白子雑炊	
153. かき雑炊・・	104・105
〈麺類〉	
154. 冷やしピビンメン	
155. 冷やし大豆スープうどん	
〈餅類〉	
156. 松餅（ソンピョン）・・・・・・・・・・・・・・・・・・・・・・・・・・・・・・・・・・	106・107
157. 花餅（ファジョン）	
158. 草餅（よもぎ餅）・・・・・・・・・・・・・・・・・・・・・・・・・・・・・・・・・・・・	108・109
159. よもぎの焼き餅	
160. よもぎの蒸しだんご	
161. よもぎの姿蒸し	
162. じゃがいもの蒸し餅	
163. 薬飯（ヤッパ）・・・・・・・・・・・・・・・・・・・・・・・・・・・・・・・・・・・・・・	110・111
164. あずきの餅（シリット）	
165. よもぎのシリット（甘納豆入り）・・・・・・・・・・・・・・・・・・・・・・	112・113
166. かぼちゃのシリット	
167. 甘納豆のシリット	
168. ケーキ風シリット・・・・・・・・・・・・・・・・・・・・・・・・・・・・・・・・・・・・	114・115
〈デザート〉	
169. 水煎果	
170. きんかんの飲物	
171. 甘酒（シッケ）	

XI. 祝膳の代表

	PAGE
172. 九節板（クジョルパン）・・・・・・・・・・・・・・・・・・・・・・・・・・・・・・	116
173. 神仙炉・・・	117
■PART2　韓国家庭料理―セット40種類・・・・・・・・・・・・・・・・・・	119
◇著者紹介・・	127

●PART1 韓国家庭料理

▼単品
▼一七三種類

Ⅰ. 汁 物

1

2

3

1 ユッケジャン（肉の辛いスープ）

【材料】
- 牛すね肉（カルビ肉） 500g
- 豆もやし 200g
- ゆでわらび（ぜんまい） 200g
- ゆでずいき 200g
- ねぎ 2本

【調味料】
- しょうゆ 1/2カップ
- こしょう 少々
- にんにく 2個
- しょうが 1片
- 粉唐辛子 大さじ2

【下準備】
- ◎牛肉は、沸騰した湯にさっと通しておく。
- ◎ゆでわらびとずいきを適当な長さに切っておく。
- ◎豆もやしは塩ゆでにしておく。
- ◎ねぎは斜め切りにする。

【作り方】
1. 鍋に水2ℓを沸騰させて、肉としょうが、にんにくを入れ、中火でことこと煮る。
2. わらびとずいきに、しょうゆ大さじ1で下味をつけておく。
3. 牛肉が煮えたら、2.と豆もやしを加え、アクを取りながら煮る。
4. しょうゆと粉唐辛子、こしょうで味をつけ、ねぎを入れる。

2 鶏肉と野菜のスープ

【材料】
- 骨付き鶏肉 500g
- ずいき 少々
- 干ししいたけ 5枚
- 豆もやし 300g
- ねぎ 少々
- しょうが 1片

【調味料】
- しょうゆ 適宜
- にんにく 1片
- 粉唐辛子 大さじ1
- こしょう 少々

【下準備】
- ◎ずいきと干ししいたけは水にもどして切っておく。
- ◎豆もやしは根を取り除いておく。
- ◎ねぎは斜め切りにする。

【作り方】
1. 鍋に水7カップを沸騰させ、鶏肉としょうが1片を入れて、柔らかくなるまで中火で煮る。
2. 準備した野菜を入れて煮、調味料で味をつける。
3. 最後にねぎを加える。

3 テールと野菜のスープ

【材料】
- 牛の尾 1本分
- ずいき 500g
- 豆もやし 500g
- わらび 500g
- 青ねぎ 少々

【調味料】
- しょうゆ 適宜
- にんにく 2片
- 唐辛子（青唐辛子） 少々
- さんしょう 少々

【下準備】
- ◎牛の尾はきれいに洗って、沸騰した湯にくぐらせる。
- ◎豆もやしは、豆と根っこを取り除いておく。
- ◎ずいきとわらびは、しょうゆ、にんにく、唐辛子、さんしょうで下味をつける。

【作り方】
1. 水15カップぐらいを、厚手の鍋に入れて煮立て、沸騰したらテールを入れ、弱火で柔らかくなるまで2～3時間煮る。
2. アクと油を取る。
   ▶寒い日は、一度完全に冷ますと上に油が固まり、取りやすい。
3. 煮立てた汁の中に、ずいきとわらび、もやしを加えてさらに煮、味をみる。
4. 最後にねぎを入れる。

Ⅰ. 汁 物

4

5

6

4　ぎょうざのスープ（マンデゥック）

【材料】
- 鶏ミンチ　　　　200g
- 綿豆腐　　　　　1丁
- 鶏のガラ　　　　1羽分
- ねぎ　　　　　　1本
- ぎょうざの皮（大判）2袋
- 干ししいたけ　　2枚
- 卵　　　　　　　2個
- 刻みのり　　　　少々
- 春菊　　　　　　1/2束

【調味料】
- 薄口しょうゆ　　大さじ5～7
- 塩　　　　　　　少々
- こしょう　　　　少々
- 酒　　　　　　　少々
- ねぎ､パセリ(スープ用)　適宜
- しょうが　　　　1片
- にんにく　　　　1片
- 片栗粉　　　　　少々

【下準備】
- ◎沸騰した湯に鶏のガラを入れて、1度捨てる。ねぎとパセリを入れた水2ℓに、湯通ししたガラを入れて1時間ほど煮てスープを取る。
- ◎綿豆腐はふきんで包んで水きりをする。
- ◎ねぎはみじん切りに、干ししいたけは水にもどしてからみじん切りにする。
- ◎しょうがとにんにくはみじん切りにする。

【作り方】
1. ミンチ肉に豆腐とみじん切りにした材料と、卵1個、酒、塩、こしょう、片栗粉少々を加えてよくかき混ぜ、ぎょうざの皮で包む。
2. スープをしょうゆと塩で味をつけ、1.を入れて浮いてきたら、とき卵を流し入れる。
3. でき上がりに、切った春菊と刻みのりをのせる。

5　牛の尾のスープ

【材料】
- 牛の尾　　　1本分
- にんにく　　2～3個
- しょうが　　1片
- 白ねぎ　　　少々

【調味料】
- 塩　　　少々

【下準備】
- ◎牛の尾は、きれいに洗って湯通しをしておく。
- ◎にんにくとしょうがは、皮をむいておく。
- ◎白ねぎは細かく刻んでおく。

【作り方】
1. 水2～3ℓに牛の尾とにんにく、しょうがを入れて3時間ほど煮る。
   ▶肉が骨からはずれるとでき上がり。
2. 白ねぎは食べる時に入れ、塩で味つける。

6　牛肉のスープ

【材料】
- 牛肉切り落とし　300g
- 大根　　　　　　15cm
- えのきだけ　　　1個
- ねぎ　　　　　　2本
- 糸こんにゃく　　1袋

【調味料】
- 薄口しょうゆ　1/2カップ弱
- にんにく　　　少々
- こしょう　　　少々
- みりん　　　　大さじ2
- 粉唐辛子　　　大さじ1

【下準備】
- ◎大根はそぎ切りにし、水から入れてゆでておく。
- ◎糸こんにゃくはさっとゆでておく。
- ◎えのきだけは根を切り落とす。
- ◎ねぎは斜め切りにする。
- ◎にんにくは、すりおろす。

【作り方】
1. 鍋にごま油をひき、牛肉をさっと炒める。
2. 1.に水5カップを加え、大根と糸こんにゃくを入れ、煮ながらアクを取る。
3. えのきだけを入れて煮えたら、調味料で味をつけ、ねぎを加える。

I. 汁 物

7

8

9

7 里芋のえごま汁

【材料】
里芋	中10個
ごぼう	1本
牛肉	100g
貝柱	小10個
干ししいたけ	4～5枚
ずいき	少々
えごま	1/2カップ
米の粉	大さじ1
煮干しのだし汁	5カップ

【調味料】
薄口しょうゆ	大さじ3～4
塩	少々

【下準備】
◎里芋は皮をむき、大きければ半分に切る。
◎ごぼうはささがきにする。牛肉は細かく切る。
◎貝柱は水にもどし、干ししいたけは水にもどしてせん切りにする。
◎ずいきは水にもどして細かく切る。
◎えごまはきれいに洗い、水を加えてミキサーにかけ、ガーゼでこしながら皮を取り、えごま液を5カップ作る。

【作り方】
1. 煮干しのだし汁で、切った材料を煮、えごま液と米の粉を加える。
2. 薄口しょうゆと塩で味をつけ、アクを取りながら沸騰するまで煮る。

8 豆腐とあさりの汁

【材料】
絹豆腐	1丁
あさり	300g
しょうが	1片
三つ葉	少々
赤唐辛子（青唐辛子）	1本

【調味料】
薄口しょうゆ	大さじ3
酒	大さじ1

【下準備】
◎豆腐は細かく切り、しょうがは刻む。
◎三つ葉は4つに切り、赤唐辛子は斜め切りする。

【作り方】
1. 水3カップに、あさりとしょうが、酒大さじ1杯を入れて火を通し、身をはずす。
2. 身と汁を合わせたものに水1カップを加え、切った豆腐を入れて、しょうゆで味をつける。
3. 沸騰したら赤唐辛子と三つ葉、ねぎを入れる。

9 しろ菜と鰯の味噌汁

【材料】
しろ菜	2束
鰯	5～6尾
米のとぎ汁	3カップ
ねぎ	1本

【調味料】
味噌（ミックス）	大さじ2杯
薄口しょうゆ	適宜
粉唐辛子	少々
にんにく	少々
さんしょ	少々
こしょう	少々
しょうが	少々

【下準備】
◎しろ菜は沸騰した湯でゆで、水に浸してアクぬきをする。
◎鰯は洗って、しょうがを入れた少量の湯で煮、骨を取り除いておく。
▶煮汁は使うのですてない。

【作り方】
1. しろ菜の水分を絞って、ざっくり切り、味噌、にんにく、さんしょう、こしょうを混ぜて少しもむ。
2. 米のとぎ汁の中へ、鰯の煮汁と鰯と1.を入れて煮込む。
3. しょうゆと粉唐辛子を入れて味を整え、刻みねぎを加える。
▶薬味にしょうゆと粉唐辛子、刻みねぎを合わせた物を添える。

Ⅰ. 汁 物

10

11

12

10 ふきとタニシのスープ

【材料】
- ふき　　　　　1/2束
- ごぼう　　　　1本
- タニシ　　　　100g
- だし汁　　　　1ℓ
- えごまの粒　　1/2カップ
- 米の粉　　　　大さじ2

【調味料】
- しょうゆ　　　大さじ3〜4
- 塩　　　　　　少々

【下準備】
◎ふきは葉と茎に分けて、別々にゆでる。
◎ごぼうはささがきにして、水に浸してアクを取る。
◎タニシは洗って、一度湯通しをしておく。
◎えごまの粒を水と混ぜてミキサーにかけて、1ℓのえごま汁を作る。

【作り方】
1. ふきの皮とすじを取り、軽くたたいてから5〜6cmに切る。
2. だし汁に1.のふきとごぼうを入れて少し煮る。
3. タニシとえごまの汁を入れてさらに煮る。途中でアクを取る。
4. 米の粉を水に溶かして、3.に入れ、とろみをつける。
5. しょうゆと塩で味をつける。

11 どじょう汁（チゥッタン）

【材料】
- 活どじょう　　300〜400g
- しろ菜　　　　2〜3束
- ねぎ　　　　　少々

【調味料】
- しょうゆ　　　1/2カップ
- 味噌　　　　　大さじ2
- 粉唐辛子　　　少々
- 青唐辛子　　　3本
- にんにく　　　少々
- さんしょう　　少々

【下準備】
◎鍋に活きたどじょうを入れ、塩1つかみを入れてふたをする（静かになるまで）。ざるに移し替え、水を流しながらぬめりを取る。
◎しろ菜をゆでておく。
◎ねぎと青唐辛子を刻んでおく。

【作り方】
1. 沸騰した湯5カップに、どじょうを入れ、ことこと1時間ゆっくり煮る。
2. あら熱が取れたら、どじょうをミキサーですりつぶす。（汁も一緒に）
3. しろ菜を絞り、適当に切って味噌と少々のしょうゆでもみ込む。
4. 2.と3.を合わせて残りの調味料と青唐辛子を入れ、火にかけて約20分煮る。
　▶薬味にしょうゆ、粉唐辛子、ねぎ、さんしょうを合わせた物を添える。

12 白身魚のだんごスープ

【材料】
- 白身魚（甘鯛）　5〜6切れ
- だし汁（かつお昆布）　4カップ
　▶牛骨のスープでもよい
- 卵　　　　　　2個
- にんじん　　　1/2本
- 三つ葉　　　　少々
- 片栗粉　　　　大さじ2

【調味料】
- 薄口しょうゆ　適宜
- しょうが汁　　小さじ1
- にんにく　　　少々
- こしょう　　　少々
- 酒　　　　　　少々
- 小麦粉　　　　適宜

【下準備】
◎卵を白身と黄身に分ける。
◎白身魚をすり身にし、卵白、しょうが汁、片栗粉、こしょう、酒を練り込む。（フード・プレッサーにかけるとよい）
◎にんじんは適当な形に切り、さっと塩ゆでにする。
◎三つ葉は3〜4cmに切りそろえる。

【作り方】
1. すり身をだんご状に丸め、小麦粉を薄くまぶす。
2. だし汁を沸騰させて1.を加え、しょうゆで味をつける。（アクを取る）
3. 三つ葉とにんじんを加えて、溶いた卵黄を流し込む。

I. 汁 物

13

14

13　きゅうりとわかめの冷やしスープ

【材料】
- きゅうり　　2本
- わかめ　　100g

【調味料】
- だし汁　　　　5カップ
- 薄口しょうゆ　大さじ4
- みりん　　　　小さじ1
- 酢　　　　　　大さじ1½
- にんにく　　　少々
- ごま　　　　　少々
- 糸唐辛子　　　少々

【下準備】
◎昆布とかつをでだし汁を取り、しょうゆとみりんで薄味をつけて冷やす。
◎きゅうりは、せん切りにする。
◎わかめは水にもどして、細かく切る。

【作り方】
1. きゅうりとわかめをボールに入れて、残りの調味料で味をつける。
2. 器に入れて、冷たく冷えたスープをかける。

14　参鶏湯（鶏のスープ）
（さんげたん）

【材料】
- 鶏（若鶏）　　1羽
- 生高麗人参　　2個
- なつめ　　　　10個
- にんにく　　　2〜3個
- もち米　　　　2カップ
- しょうが　　　2片

【調味料】
- 塩　　　適宜
- こしょう　少々

【下準備】
◎鶏は腹の中もきれいに洗う。
◎なつめは水に浸けてもどしておく。
◎もち米は洗ってざるにあげておく。
◎にんにくとしょうがは皮を取っておく。
◎高麗人参は生の場合は洗い、乾燥の人参はたたいておく。
◎ガーゼの袋を準備する。（P.126参照）

【作り方】
1. ガーゼの袋にもち米を入れる。
2. 厚手の鍋に鶏と1.を入れる。かぶるくらいの水と高麗人参、なつめ、にんにく、しょうがを加え、途中でアクを取りながら2〜3時間煮る。
3. 鶏がばらばらにくずれると、でき上がり。
   ▶皮を取り除くと油が少ない。
   ▶器に肉と袋から小別けしたもち米を盛りつけて、塩で各自、味付けをする。

※写真は、ひな鶏の腹にもち米大さじで3〜4杯入れて皮をつまようじで閉じた物。

＊冬には体を暖める為にもちろんいいが、夏にも夏バテ予防に良い。病人食にも最適です。

I. 汁物

15

16

17

15 大豆もやしのスープ

【材料】
- 大豆もやし　　　　300g
- 干し棒だらのさいた物　適宜
  （ミョンテ）
- 卵　　　　　　　　1個
- ねぎ　　　　　　　少々
- だし昆布　　　　　10cm
- 糸唐辛子　　　　　少々

【調味料】
- しょうゆ　　少々
- 塩　　　　　小さじ1
- ごま　　　　少々
- ごま油　　　少々

【下準備】
- ◎大豆もやしの根をとる。
- ◎ミョンテを細かくさいて、ごま油をひいたフライパンで炒めておく。
- ◎ねぎは細かく切る。

【作り方】
1. 大豆もやしはカップ4杯の水とだし昆布、塩小さじ1を入れ、ふたをして煮る。
   ▶沸騰するまではふたをあけない。
2. 煮えたら水を少し足して、しょうゆで味をつける。
3. 溶いた卵にミョンテをからめ、2.に入れていき、沸騰したら、ごまとねぎと糸唐辛子を入れる。

16 よもぎのお汁

【材料】
- よもぎ　　　　　　適当
- 牛肉（または貝類）　300g
- えごまの粒　　　　1カップ
- もち米の粉　　　　大さじ2～3

【調味料】
- 白味噌　　大さじ2
- しょうゆ　大さじ2
- 塩　　　　少々

【下準備】
- ◎えごまは、水に浸けておく。
- ◎よもぎに水少々を加え、よくもみ、青汁を洗い流し、絞っておく。
- ◎もち米の粉を倍の水で溶いておく。
- ◎牛肉を炒めておく。

【作り方】
1. えごまをミキサーに入れ、2～3カップの水を加えてすりつぶす。ガーゼの袋に入れて絞り出す。それを3回くり返しながら、皮を取り、約1ℓにする。
2. 鍋に水3カップを入れてよもぎを煮る。
3. よもぎが柔らかくなったら牛肉を入れ、1.の汁を加えて煮る。
4. 味噌としょうゆ、塩で味をつける。
5. 溶いたもち米の粉を入れてとろみをつける。
   ▶すでに粉にしてあるえごまを使う時は、そのまま水で溶いて使う。
   ▶えごまの粒がない時は白ごまを使う。

17 韓国の雑煮（トック）

【材料】
- 雑煮用の餅　　　　500g
- 牛肉　　　　　　　100g
  （または鶏肉のミンチ）
- 卵　　　　　　　　1個
- 三つ葉　　　　　　少々
- 刻みのり　　　　　少々
- 鶏のガラ　　　　　1羽分
- かつお　　　　　　50g
- だし昆布　　　　　20cm

【調味料】
- 薄口しょうゆ　大さじ3～5
- こしょう　　　少々
- みりん　　　　少々

【下準備】
- ◎トックの餅をひと晩水に浸けておく。
- ◎鶏のガラをさっと湯通しした物にだし昆布、かつおを加えて5～6カップのだし汁を取る。
- ◎牛肉（ミンチ肉）をしょうゆと砂糖、こしょうで煮つけておく。
- ◎卵は錦糸卵にしておく。

【作り方】
1. だし汁を沸騰させ、薄口しょうゆとみりん少々で味をつけ、餅を入れる。沸騰して餅が浮き上がってきたら火を止める。
2. 器に入れて、牛肉、錦糸卵、刻みのり、三つ葉をのせてでき上がり。

Ⅱ. 鍋物

18

19

20

18 わかめのすいとん

【材料】
- 生わかめ　200g
- 強力粉　2カップ
- あさり　300g

【調味料】
- 薄口しょうゆ　大さじ3〜4

【下準備】
- ◎鍋に水7カップを入れてあさりを煮、貝殻を取り外しておく。
- ◎わかめはよく洗って塩を取り、しっかり絞って細かく切っておく。
- ◎強力粉にぬるま湯を加えていき、耳たぶほどの柔らかさにこねる。

【作り方】
スープの中にわかめを加えて一煮させ、練った強力粉を少し取り、薄く伸ばして入れていく。

19 海産鍋（たらのメウンタン）

【材料】
- たら　5〜6切れ
- 大根　10cm
- えのき　1袋
- しいたけ　5個
- 豆腐　1/2丁
- ねぎ　2本
- くず切り　少々

【調味料】
- 唐辛子　大さじ1
- コチュジャン　大さじ山盛り1
- しょうゆ　大さじ3
- こしょう　少々
- 酒　大さじ1
- にんにく　少々
- だし汁　2カップ

【下準備】
- ◎たらは薄く塩をする。
- ◎大根は半月に切って、さっとゆでておく。
- ◎ねぎは斜め切りにする。
- ◎豆腐は適当な大きさに切る。
- ◎えのきとしいたけは洗って軸をはずす。
- ◎くずきりは水にもどす。
- ◎調味料を全部合わせる。

【作り方】
1. 鍋にだし汁を入れて、さっと洗ったたらと残りの材料を入れる。
2. 沸騰してきたら合わせた調味料を加える。
3. 食べながらくずきりを加える。

20 じゃがいも鍋（カムジャタン）

【材料】
- スペアーリブ　6本
- じゃがいも　大3個
- 豆もやし　200g
- ねぎ　1本
- 春菊　少々
- 鶏ガラ　1羽分

【調味料】
- 唐辛子　大さじ1
- コチュジャン　大さじ山盛り1
- しょうゆ　大さじ2
- こしょう　少々
- 酒　大さじ1
- にんにく　少々
- えごまの粉　大さじ2
- しょうが　1片

【下準備】
- ◎ガラとスペアーリブ、しょうが1片を、水2ℓに入れて煮る。
  - ▶浮いた油とアクを取りながら約2時間煮て、スープを1ℓ取る。
  - ▶ガラは捨てる。
- ◎じゃがいもは、洗って皮のままゆで、皮をむく。
- ◎豆もやしは、ふたをかけてさっと塩ゆでにする。
- ◎調味料を全部合わせる。

【作り方】
1. スープに合わせた調味料を溶かす。
2. 土鍋にスープとスペアーリブを入れて、じゃがいもや残りの野菜を入れて煮る。

Ⅱ. 鍋 物

21

22

21 辛い貝鍋

【材料】
- ほたて貝　4個
- かき　8個
- あさり　200g
- はまぐり　8個
- しいたけ　4〜5枚
- 春菊　1束
- 糸こんにゃく　1袋
- ねぎ　2本
- 豆腐　½丁

【調味料】
- 唐辛子　大さじ1
- コチュジャン　大さじ山盛り1
- しょうゆ　大さじ3
- こしょう　少々
- 酒　大さじ1
- にんにく　少々
- しょうが　少々
- だし汁　2カップ

【下準備】
- ◎ほたて貝は殻からはずし、はまぐりとあさりは、よく洗う。
- ◎しいたけは切り目を入れて、春菊は軸からはずして洗う。
- ◎糸こんにゃくは洗って切る。
- ◎豆腐は適当な大きさに切る。
- ◎ねぎは斜め切りにする。
- ◎調味料を全部合わせる。

【作り方】
鍋にだし汁と全部の材料を入れ、合わせた調味料を加えて煮る。

22 ホルモン鍋

【材料】
- 牛ホルモン　1kg
- 玉ねぎ　1個
- きのこ類　適当
- 白ねぎ　2本
- 春菊　1束
- にんじん　1本
- 豆もやし　200g
- 豆腐　½丁
- こんにゃく　½丁
- 赤唐辛子　1本

【調味料】
- しょうゆ　½カップ
- コチュジャン　大さじ3
- 味噌　大さじ2
- にんにく　少々
- 唐辛子　少々
- 酒（みりん）　少々
- こしょう　少々

【下準備】
- ◎ホルモンはさっと湯通しをしておく。
- ◎野菜は適当な大きさに切る。
- ◎豆もやしは、さっと塩ゆでにする。
- ◎こんにゃくは薄く切って、さっと湯通しする。
- ◎調味料を全部合わせる。

【作り方】
1. 鍋に水を少し入れて、ホルモンを柔らかくなるまで煮る。
2. 平たい鍋に野菜を並べてホルモンを入れ、合わせた調味料を加えて柔らかく煮る。

Ⅱ. 鍋物

23

24

23　あんこう鍋（アグタン）

【材料】
あんこう	大3尾
とうふ	1/2丁
えのき	1袋
しいたけ	2〜3枚
春菊	1束
こんにゃく	半丁
ねぎ	1本

【調味料】
唐辛子	大さじ2
コチュジャン	大さじ2
味噌	大さじ1
しょうゆ	大さじ4
酒	大さじ1
こしょう	少々
にんにく	少々

【下準備】
- ◎あんこうは適当な大きさに切り、さっと湯通しをする。
- ◎こんにゃくは薄切りにして、湯通しする。
- ◎ねぎは斜め切りにする。
- ◎春菊は適当な大きさに切る。
- ◎調味料は全部合わせておく。

【作り方】
1. 鍋に水と昆布を入れてだしを取り、その中に材料を入れて煮る。
2. 沸騰してきたら合わせた調味料を入れる。

24　海産鍋（たこのメウンタン）

【材料】
生たこ	足2本
えび	8尾
いか	1ぱい
あさり	200g
えのき	1袋
春菊	1束
ねぎ	2本
にんじん	1/2本

【調味料】
唐辛子	大さじ1
コチュジャン	大さじ2
味噌	小さじ1
しょうゆ	大さじ3
こしょう	少々
酒	大さじ1
にんにく	少々

【下準備】
- ◎生たこは、塩でしっかりもみ洗いしてぬめりを取り、ぶつ切りにしておく。
- ◎えびは殻を取り、背わたをとる。
- ◎いかは切り目を入れて、適当な大きさに切っておく。
- ◎ねぎは斜め切りにする。
- ◎えのきと春菊は適当な大きさに切る。
- ◎にんじんはさっとゆでておく。
- ◎調味料を全部合わせる。

【作り方】
1. 鍋に洗ったあさりを入れて一度沸騰させ、アクを取り、材料を入れる。
2. 混ぜ合わせた調味料で味つける。

Ⅲ. あえ物

25

26

27

28

29

25　納豆のコチュジャンあえ

【材料】
納豆	2パック
刻みねぎ	大さじ3
削りぶし	1パック
刻みのり	少々

【調味料】
コチュジャン	大さじ1
しょうゆ	大さじ1/2
ごま	少々
ごま油	少々

【作り方】
納豆をよく練ってから、残りの材料と全部の調味料を合わせる。

26　切り干し大根のメンタイコあえ

【材料】
切り干し大根	1袋
辛子メンタイコ	1腹

【調味料】
コチュジャン	大さじ1
薄口しょうゆ	小さじ1
すりごま	大さじ1
ねぎ	少々
ごま油	少々
にんにく	少々

【下準備】
◎切り干し大根は、2～3回もみ洗いして、強く絞る。
◎辛子メンタイコは袋から出す。
◎調味料を全部合わせる。

【作り方】
切り干しだいこんをほぐし、メンタイコと合わせた調味料であえる。

27　トラジ（ききょうの根）のあえ物

【材料】
生トラジ	200g
刻みねぎ	少々

【調味料】
コチュジャン	大さじ2
酢	大さじ2
砂糖	大さじ2
みりん	少々
塩	少々
ごま	少々
にんにく	少々

【下準備】
◎トラジは、包丁の柄等で少したたき、串や爪楊枝を使って細かくさき、塩でよくもみ、洗って水分をきっておく。
◎調味料は全部合わせる。

【作り方】
トラジを合わせた調味料であえ、刻みねぎを混ぜる。

28　岩のりのあえ物

【材料】
乾燥岩のり	30cm角
刻みねぎ	適宜
青唐辛子	1～2本

【調味料】
だし汁	1カップ
しょうゆ	大さじ3
コチュジャン	小さじ1
にんにく	少々
粉唐辛子	少々
ごま油、ごま	少々

【下準備】
◎だし汁としょうゆを一度沸騰させて、冷ましておく。
◎岩のりを火でさっとあぶる。

【作り方】
1. 大きなボールにのりをもみほぐし、細かく切った青唐辛子と刻みねぎを入れて、調味料とだし汁を少しずつ入れていく。
2. 最後にごま油をふりかけて、さっくり混ぜ、ごまをふる。

29　くずきりのあえ物

【材料】
乾燥くずきり（平たい物を使用）	200g
きゅうり	2本
キャベツ	1/4個

【調味料】
しょうゆ	大さじ2
酢	大さじ2
砂糖	大さじ2
ごま	少々
にんにく	少々
ごま油	少々
唐辛子	少々
レモン汁	大さじ1

【下準備】
◎くずきりを「説明書き」通りにもどしておく。（たっぷりの水から入れて25分煮、火を止めてからも2～3分そのまま置き、氷水で冷やしてざるにあげておく。）
◎きゅうりは塩で板ずりにしておく。
◎キャベツはせん切りにし、薄く塩をする。
◎調味料を全部合わせる。

【作り方】
1. きゅうりは輪切りにし、キャベツはさっと洗い、絞って水気をきっておく。
2. 合わせた調味料であえ、冷やす。

Ⅲ. あえ物

30

31

32

33

34

35

30 オクラのあえ物

【材料】
- オクラ　　2袋
- 白ねぎ　　少々

【調味料】
- しょうゆ　大さじ2
- 酢　　　　大さじ1
- 砂糖　　　小さじ1
- にんにく　少々
- ごま　　　少々
- 粉唐辛子　少々

【下準備】
◎オクラは塩でこすり、頭の固い所を切り取り、沸騰した湯に入れてゆで、水にさらし、ざるにあげておく。
◎白ねぎはせん切りにして水にさらし、水気をきっておく。

【作り方】
調味料を全部合わせて、適当な大きさに切ったオクラとねぎをあえる。

---

31 ごぼうのあえ物

【材料】
- ごぼう　　2本

【調味料】
- コチュジャン　大さじ2
- 薄口しょうゆ　小さじ2
- 砂糖　　　　　大さじ1
- ごま　　　　　少々

【下準備】
◎ごぼうは洗って皮を取り、長めに切って柔らかくゆで、5～6cmの大きさに切る。

【作り方】
1. ごぼうを固いものでたたいて、つぶす。
2. 調味料は全部合わせ、ごぼうを加えて混ぜる。

---

32 かりかりきゅうりのマヨネーズあえ

【材料】
- きゅうり　5本
- 塩　　　　大さじ1½
- 重石
- ガーゼの袋

【調味料】
- マヨネーズ　大さじ3
- 砂糖　　　　小さじ1
- にんにく　　少々
- ごま　　　　少々
- 粉唐辛子　　小さじ1

【下準備】
◎きゅうりは皮の付いたまま斜め切りにし、塩をふる。
◎しんなりしたらガーゼの袋に入れて絞り、そのまま、重石をしてひと晩おく。
◎調味料を全部合わせる。

【作り方】
1. ガーゼに入ったまま、もう一度絞る。
2. ボールに出して、合わせた調味料であえる。

---

33 かりかりきゅうりのあえ物

【材料】
- きゅうり　5本
- 塩　　　　大さじ1½
- 重石
- ガーゼの袋

【調味料】
- 酢　　　　大さじ1½
- 砂糖　　　小さじ1
- にんにく　少々
- ごま　　　少々
- 粉唐辛子　小さじ1

【下準備】
◎きゅうりは皮の付いたまま斜め切りにし、塩をふり、ガーゼの袋に入れる。そのまま、重石をしてひと晩おく。

【作り方】
1. 袋に入ったまま、一度かたく絞る。
2. 調味料であえる。

---

34 姫竹ときくらげのあえ物

【材料】
- ゆで姫竹　200g
- きくらげ　3枚

【調味料】
- 薄口しょうゆ　大さじ2
- コチュジャン　大さじ1½
- 酢　　　　　　大さじ1
- 砂糖　　　　　大さじ1½
- にんにく　　　少々
- ごま　　　　　少々
- 刻みねぎ　　　少々

【下準備】
◎水にもどしたきくらげは、固いところを取り除き、せん切りにする。
◎姫竹は長く2つに切る。
◎調味料を全部合わせる。

【作り方】
1. きくらげと姫竹に、合わせた調味料で味つける。
2. 熱したフライパンで炒める。

---

35 姫竹とにらのあえ物

【材料】
- ゆで姫竹　200g
- にら　　　少々

【調味料】
- 薄口しょうゆ　大さじ1½
- コチュジャン　大さじ1½
- 酢　　　　　　大さじ1½
- にんにく　　　少々
- 砂糖　　　　　大さじ1½
- ごま　　　　　少々
- 刻みねぎ　　　少々

【作り方】
1. にらは固いところを取り除き、長めに切る。
2. 姫竹は沸騰した湯にさっと通して、長く2つに切る。
3. 調味料を全部合わせて、にらと冷めた姫竹をあえる。

Ⅲ. あえ物

36

37

38

39

40

36　ほうれん草ののり巻き

【材料】
- ほうれん草　　2束
- 焼きのり　　　2枚

【調味料】
- 薄口しょうゆ　大さじ2
- ごま油　　　　少々
- ごま　　　　　少々
- 粉唐辛子　　　少々

＜付けたれ＞
- しょうゆ　　　大さじ1
- 酢　　　　　　小さじ1
- 砂糖　　　　　小さじ1/2
- ごま　　　　　少々

【下準備】
◎たっぷりの沸騰した湯に塩を少々入れてほうれん草をさっとゆで、水に取り、水気を絞っておく。

【作り方】
1. ほうれん草を薄口しょうゆとごま油であえて、水分を絞って取る。
2. 半分を1枚ののりで巻き、6等分に切る。
3. 切り口に粉唐辛子、ごまをつける。

37　するめのあえ物

【材料】
- 切り割きするめ　100g
- 白ねぎ　　　　　1本

【調味料】
- コチュジャン　大さじ1
- はちみつ　　　大さじ1
- ごま　　　　　少々
- ごま油　　　　少々
- にんにく　　　少々

【下準備】
◎するめを布に包んで叩いて柔らかくし、細かく割く。
◎白ねぎはせん切りにしておく。
◎調味料を全部混ぜ合わせる。

【作り方】
するめに調味料をからめてねぎを加える。

38　生菜（たんぽぽのあえ物）

【材料】
- たんぽぽ　　どんぶり1杯分
- 大根　　　　少々
- 白ねぎ　　　少々

【調味料】
- しょうゆ　　　大さじ3
- 酢　　　　　　大さじ2
- コチュジャン　大さじ1
- にんにく　　　少々
- ごま　　　　　少々
- ごま油　　　　少々

【下準備】
◎たんぽぽはよく洗い、最後に酢を少し入れた水で洗う。
◎大根と白ねぎはせん切りにする。
◎ごま油以外の調味料を合わせておく。

【作り方】
1. 大きなボールに野菜と合わせた調味料を混ぜる。
2. ごま油をふりかけて、ざっくり混ぜる。

39　生菜（サニーレタスのあえ物）

【材料】
- サニーレタス　1束
- 白ねぎ　　　　1本

【調味料】
- しょうゆ　　　大さじ2
- 酢　　　　　　大さじ1
- 砂糖　　　　　小さじ1
- にんにく　　　少々
- ごま　　　　　少々
- 粉唐辛子　　　少々

【下準備】
◎サニーレタスは葉をはずしてきれいに洗い、適当な大きさに切る。
◎白ねぎは細かく切り、水にさらしておく。
◎調味料を全部合わせる。

【作り方】
しっかり水きりしたサニーレタスと白ねぎに、合わせた調味料を加え、ざっくりとあえる。

40　生菜（サラダ菜のあえ物）

【材料】
- サラダ菜　3個
- ピーマン　1個
- 白ねぎ　　1本

【調味料】
- しょうゆ　　　大さじ2
- 酢　　　　　　大さじ1
- 砂糖　　　　　小さじ1
- コチュジャン　小さじ1
- にんにく　　　少々
- ごま　　　　　少々
- 粉唐辛子　　　少々

【下準備】
◎サラダ菜を洗って、水分をきる。
◎ピーマンはせん切りにする。
◎白ねぎは細かく切り、水にさらしておく。
◎調味料を全部合わせる。

【作り方】
しっかり水きりしたサラダ菜、白ねぎ、ピーマンに、合わせた調味料を加え、ざっくりとあえる。

Ⅲ. あえ物

41

42

43

41 生菜(三つ葉とねぎのあえ物)

【材　料】
- 三つ葉　　　　2束
- 赤ピーマン　　1個
- 白ねぎ　　　　1本

【調味料】
- しょうゆ　　大さじ2
- 酢　　　　　大さじ1
- 砂糖　　　　大さじ2
- にんにく　　少々
- ごま　　　　少々
- 粉唐辛子　　少々

【下準備】
◎三つ葉を洗って水分をきる。
◎白ねぎは、せん切りにして水にさらす。
◎ピーマンは細かく切る。
◎調味料を全部合わせる。

【作り方】
材料を全部合わせ、調味料であえる。

42 生菜(そばの葉のあえ物)

【材　料】
- そばの葉　　　100g
- ねぎ　　　　　少々

【調味料】
- しょうゆ　　大さじ2
- 酢　　　　　大さじ1
- 砂糖　　　　小さじ1
- にんにく　　少々
- ごま　　　　少々
- 粉唐辛子　　少々

【下準備】
◎そばの葉の固いところを取り除き、洗って水分をきっておく。
◎ねぎは切っておく。
◎調味料を全部合わせておく。

【作り方】
材料と合わせた調味料を、ざっくりと混ぜ合わせる。

43 生菜(大根とにんじんのあえ物)

【材　料】
- 大根　　　　　10cm
- にんじん　　　小1本
- 白ねぎ　　　　1本

【調味料】
- 酢　　　　　大さじ3
- 砂糖　　　　大さじ3
- 塩　　　　　少々
- ごま　　　　少々

【下準備】
◎大根とにんじんは長い目にせん切りにする。
◎ねぎは細かくせん切りにして水にさらす。
◎調味料を小さい鍋に入れてさっと火を通し、冷ます。

【作り方】
材料を全部合わせ、調味料であえる。

Ⅳ. ナムル

44

45

46

47

48

44 大豆もやし

【材料】
- 大豆もやし　300g
- 青ねぎ　少々

【調味料】
- 薄口しょうゆ　小さじ1
- 塩　少々
- ごま　少々
- ごま油　小さじ1
- にんにく　少々

【下準備】
- ◎大豆もやしは根をとり、洗って鍋に入れる。
- ◎青ねぎはみじん切りにする。

【作り方】
1. 水½カップと塩小さじ1を入れてふたをし、火にかける。
   ▶沸騰するまでふたを開けない。
2. 大豆に火が通ったら、汁をきって調味料を加えてあえ、刻んだ青ねぎをかける。

45 ほうれん草

【材料】
- ほうれん草　2束

【調味料】
- 薄口しょうゆ　大さじ1
- 塩　少々
- ごま　少々
- にんにく　少々
- ごま油　小さじ1

【下準備】
- ◎たっぷりの沸騰した湯に塩を少々入れ、ほうれん草をさっとゆでて水に取り、適当な長さに切って、水気を絞っておく。
- ◎ごま油以外の調味料を全部合わせる。

【作り方】
合わせた調味料で味をつけ、ごま油を加える。

46 わらび

【材料】
- ゆでわらび　200g

【調味料】
- しょうゆ　大さじ2
- ごま油　大さじ1
- コチュジャン　小さじ1
- みりん　小さじ1
- にんにく　少々
- ごま　少々

【下準備】
- ◎わらびに全部の調味料を加えて、味をつける。

【作り方】
1. ごま油をひき、熱したフライパンで炒める。
2. でき上がりにごまをふる。

47 そばの葉

【材料】
- そばの葉　適当
- 塩　小さじ1

【調味料】
- 薄口しょうゆ　大さじ1
- 塩　少々
- ごま　少々
- ごま油　小さじ1
- にんにく　少々

【下準備】
- ◎たっぷりの沸騰した湯に塩を少々入れ、そばの葉をさっとゆでて、水にとる。
- ◎調味料を全部合わせる。

【作り方】
1. ざるにあげて絞り、ざっくり切る。
2. 合わせた調味料であえる。
3. でき上がりにごまをふる。

48 しいたけ

【材料】
- 干ししいたけ　7～8枚

【調味料】
- しょうゆ　大さじ2
- ごま油　大さじ1
- みりん　小さじ1
- にんにく　少々
- ごま　少々
- 糸唐辛子　少々

【下準備】
- ◎干ししいたけを水にもどす。

【作り方】
1. しいたけを軽く絞り、せん切りにする。
2. 調味料で味をつけ、ごま油をひいたフライパンで炒める。

Ⅳ. ナムル

49

50

51

52

53

49 もやし

【材料】
- もやし　1袋
- 青ねぎ　少々
- 糸唐辛子　少々

【調味料】
- しょうゆ　小さじ1
- 塩　少々
- ごま　少々
- ごま油　小さじ1
- にんにく　少々

【下準備】
◎ねぎと糸唐辛子を刻む。

【作り方】
1. もやしを洗って鍋に入れ、水½カップと塩小さじ1を入れて火を通す。沸騰するまでふたをし、ざるにあげる。
2. もやしに調味料を加え、青ねぎと糸唐辛子を入れてあえる。

50 春菊

【材料】
- 春菊　3束
- 塩　小さじ1

【調味料】
- 薄口しょうゆ　大さじ1
- 塩　少々
- ごま　少々
- ごま油　小さじ1
- にんにく　少々
- 糸唐辛子　少々

【下準備】
◎春菊を洗ってかたい軸を切り取る。

【作り方】
1. たっぷりの沸騰した湯に塩を入れて春菊をさっとゆで、水にとり、水気を絞ってざっくりと切る。
2. 調味料を全部合わせてあえる。

51 唐辛子の葉

【材料】
- 唐辛子の葉　300g
- 塩　小さじ1

【調味料】
- 薄口しょうゆ　大さじ1
- 塩　少々
- ごま　少々
- ごま油　小さじ1
- にんにく　少々

【作り方】
1. たっぷりの沸騰した湯に塩を少々入れて唐辛子の葉をゆで、水にとる。水気をかたく絞っておく。
2. 調味料を全部合わせてあえる。

52 ふきの葉

【材料】
- ふきの葉　1束分
- にら　少々

【調味料】
- しょうゆ　大さじ2
- 酒　大さじ1
- 酢　大さじ1
- にんにく　少々
- ごま　少々

【下準備】
◎ふきの葉のすじを取る。
◎ふきは塩を少々入れた湯でゆでる。

【作り方】
1. 調味料を合わせ、刻んだにらを加える。
2. ゆでて水分をきったふきの葉を混ぜ合わせる。
▶ちしゃ葉のようにご飯を包んで食べてもいい。

53 九品のおひたし

【材料】
- なす
- 干ししいたけ
- ずいき
- 大根
- せり
- わらび
- にんじん
- きゅうり
- きくらげ

【調味料】
- しょうゆ
- みりん
- ねぎ
- にんにく
- ごま油
- ごま

【下準備】
◎なすは細く切って水にさらし、アクをぬく。
◎干ししいたけは水につけてもどし、せん切りにする。
◎せりはさっとゆで、5〜6cmの長さに切る。
◎大根はせん切りにして塩をふる。
◎にんじんはせん切りにして塩をふる。
◎きゅうりはせん切りにして塩をふる。
◎きくらげは水につけてもどし、せん切りにする。

【作り方】
1. なすの水分を切って調味料で味をつけ、熱したフライパンで炒める。
2. しいたけは絞って調味料で味をつけ、熱したフライパンで炒める。
3. せりは調味料であえる。
4. 大根は軽く絞って、熱したフライパンで炒める。
5. にんじんは軽く絞って、熱したフライパンで炒める。
6. きゅうりは軽く絞って調味料で味をつける。
7. きくらげは調味料で味をつけて、熱したフライパンで炒める。

Ⅴ. 酢の物

54

55

56

57

54 たらの白子のあえ物

【材料】
- たらの白子　300g
- ねぎ　1本
- 大根　10cm
- ゆず　少々

【調味料】
- しょうゆ　大さじ2
- 酢　小さじ1
- 砂糖　大さじ1
- にんにく　少々
- 粉唐辛子　少々

【下準備】
- ◎白子を1口大の大きさに切って、さっと洗っておく。
- ◎大根はおろして、少し水分をきっておく。
- ◎ねぎは刻む。
- ◎しょうゆと酢、砂糖を合わせる。(市販のぽん酢を使うと便利)

【作り方】
1. 沸騰した湯に少しずつ白子を入れて、完全に火が通るまで煮る。
2. 調味料を全部混ぜ、ゆずの絞り汁を少々加えて、刻みねぎと合わせておく。
3. 皿に白子を並べ、大根おろしをのせて、合わせた調味料をかける。

55 クラゲの辛子あえ物

【材料】
- クラゲ　200g
- きゅうり　2本
- 白ねぎ　1本

【調味料】
- コチュジャン　大さじ1
- 酢　大さじ2
- 砂糖　大さじ2
- しょうゆ　大さじ1
- にんにく　少々
- 洋辛子　少々
- ごま　少々

【下準備】
- ◎クラゲは一晩塩ぬきをして、5～6cmほどに切って、60℃ぐらいの湯にくぐらせ、よく絞って水気を取る。
- ◎きゅうりはせん切りにして、塩を薄くかけ、しんなりしたら、よく絞る。
- ◎ねぎはせん切りにして水にさらし、水気を取っておく。
- ◎調味料を全部合わせる。

【作り方】
材料の水分を取り、合わせた調味料とあえる。

56 生がきのあえ物

【材料】
- 生がき　20粒
- ねぎ　1本
- 大根　10cm
- ゆず　少々

【調味料】
- しょうゆ　大さじ2
- 酢　小さじ1
- 砂糖　大さじ1
- にんにく　少々
- ごま　少々
- 粉唐辛子　少々

【下準備】
- ◎生がきは塩水を使ってきれいに洗う。
- ◎大根はおろして少し水分をきっておく。
- ◎ねぎは刻む。
- ◎調味料を全部合わせ、ゆずの絞り汁とねぎを加える。
  - ▶市販のゆず入りぽん酢を使うと便利。

【作り方】
皿に大根おろしを敷き、かきを並べて合わせた調味料をかける。

57 なまこのあえ物

【材料】
- 赤なまこ　2つ
- 大根　10cm
- ねぎ　少々

【調味料】
- コチュジャン　大さじ2
- 酢　大さじ2
- 砂糖　大さじ1
- にんにく、ごま　少々

【下準備】
- ◎大根はおろして、少し水分をきっておく。
- ◎ねぎは刻む。◎調味料は全部合わせる。

【作り方】
1. なまこは塩でもみ、このわたを取り出し、食べやすい大きさに切る。
2. 皿に大根おろしを敷き、なまこをのせて合わせた調味料をかける。
   - ▶市販のぽん酢に粉唐辛子とごまを加えた付けたれでもよい。

Ⅴ. 酢の物

58

59

60

58 鶏肉のあえ物

【材料】
- 鶏肉の胸肉（またはささみ） 2枚
- サラダ菜 少々
- 片栗粉 適宜

【調味料】
- しょうゆ 大さじ2
- 酢 大さじ1
- 砂糖 少々
- 刻みねぎ 大さじ1
- ごま 小さじ1
- にんにく 少々

【下準備】
◎鶏肉は塩、こしょうをする。

【作り方】
1. 鶏肉を蒸して細かくさく。
2. 片栗粉をまぶし、熱湯にくぐらせて氷水にとる。
3. 調味料を全部合わせ、水をきった2.をあえる。
4. サラダ菜を敷いて盛りつける。

59 干したら（ミョンテ）のあえ物

【材料】
- 干したら（ミョンテ） 100g

【調味料】
- しょうゆ 大さじ1
- コチュジャン 大さじ2
- 砂糖 大さじ2
- 酢 大さじ2
- ごま 少々
- にんにく 少々
- ごま油 少々

【下準備】
◎ミョンテを手で細かくさく。
◎ごま油以外の調味料を混ぜる。

【作り方】
1. さっと水に通し、きつく絞る。
2. ミョンテに混ぜ合わせた調味料を加え、よくもむ。
3. ごま油を加える。

60 いいだこと大根のあえ物

【材料】
- いいだこ 200g
- 大根 10cm
- 白ねぎ 1/2本
- 春菊 1/2束

【調味料】
- コチュジャン 大さじ3
- 酢 大さじ2
- 砂糖 大さじ2
- みりん 少々
- ごま 少々
- にんにく 少々

【下準備】
◎いいだこは塩をふってよくもみ洗いし、ぬめりを取る。
◎大根はせん切りにして、塩をふる。
◎白ねぎはせん切りにし、水にさらす。
◎春菊は茎からはずして洗う。
◎調味料を全部合わせる。

【作り方】
1. いいだこは熱湯にさっと湯通しして、食べやすい大きさに切る。
2. 大根はしんなりしたら、絞る。
3. 皿に春菊と大根、白ねぎを敷き、たこを盛りつけて合わせた調味料をかける。

Ⅴ. 酢の物

61

62

61 いかとトラジ（ききょうの根）のあえ物

【材　料】
いか	200g
トラジ	100g
きゅうり	1本
白ねぎ	1本
糸唐辛子	少々

【調味料】
コチュジャン	大さじ3
酢	大さじ3
砂糖	大さじ3
みりん	少々
塩	少々
ごま	少々

【下準備】
◎トラジは細かくさき、塩でもみ、水洗いをして水分をきる。
◎いかはさっと湯通しして食べやすい大きさに切る。
◎白ねぎはせん切りにする。

【作り方】
1. 調味料を全部合わせ、切った材料を加えて混ぜる。
2. きゅうりを飾りつける。

62 わかさぎの甘酢あえ

【材　料】
わかさぎ	200g
たまねぎ	1個
レモン	1個
片栗粉	適宜

【調味料】
酢	大さじ5
塩	小さじ1/2
砂糖	大さじ5
にんにく	少々
粉唐辛子	少々

【下準備】
◎わかさぎをさっと洗い、酒とこしょうをかけておく。
◎たまねぎを薄切りにして水にさらす。
◎レモンの半分を薄切りにする。
◎調味料を全部合わせ、残り半分のレモンの絞り汁を加える。

【作り方】
1. わかさぎの水分をとり、片栗粉をまぶし、油で充分に揚げる。
2. たまねぎの水分をきり、皿に敷く。
3. 甘酢にわかさぎ、水分をきったたまねぎ、レモンを浸け、冷蔵庫で冷やす。
▶10分ぐらいでOK

Ⅵ. 野菜のおかず

63

64

65

66

63 チャプチェ（はるさめの炒め物）

【材料】
- 春雨（タンミョン） 150~200g
- 牛肉 150g
- かにかまぼこ 4~5本
- にんじん 1/2本
- きゅうり 2本
- 干ししいたけ、きくらげ 2~3枚
- ゆで竹の子 少々
- せり（または三つ葉） 1束

【調味料】
- しょうゆ
- 塩
- にんにく
- こしょう
- <牛肉用>
- 砂糖
- 酒

【下準備】
- ◎春雨を5~6分煮てからよく洗って、水をきり、ざっくり切っておく。
- ◎せりはさっと塩ゆでにして水をきり、5~6cmほどに切っておく。
- ◎干ししいたけときくらげは水に浸け、せん切りにしておく。
- ◎野菜はそれぞれせん切りにする。
- ◎牛肉はせん切りにする。
- ◎かまぼこは割いておく。

【作り方】
1. 牛肉を、しょうゆ大さじ1、砂糖小さじ1/2、こしょう、にんにく、酒少々で味をつけ、ごま油をひいたフライパンで炒める。
2. 野菜はそれぞれに、こしょう、塩、にんにく少々で味をつけ、ごま油をひいたフライパンでさっと炒める。
3. 春雨をしょうゆ薄口大さじ2~3、こしょう、にんにく少々で味をつけて炒める。
4. かにかまぼこはさっと炒める。干ししいたけときくらげは、しょうゆ大さじ1、こしょう少々で味をつけて、さっと炒める。
5. あら熱が取れたら、全部混ぜ合わせて盛りつける。

64 韓国かぼちゃの炒め物

【材料】
- 韓国のかぼちゃ 300g
  （若いものを使用）

【調味料】
- 塩 小さじ1/2
- ごま 少々
- ごま油 大さじ2
- にんにく 少々

【下準備】
- ◎かぼちゃは、種を取り除いてせん切りにし、塩をふる。

【作り方】
1. かぼちゃが柔らかくなり、水が出てきたら絞る。
2. ごま油とにんにくを加えて混ぜ合わせる。
3. フライパンで炒め、最後にいりごまをかける。

65 にんにくの茎の炒め物

【材料】
- にんにくの茎 1束

【調味料】
- 白しょうゆ 大さじ1
- 砂糖 小さじ1
- みりん 少々
- ごま 少々
- ごま油 少々

【下準備】
- ◎にんにくの茎は、4~5cmの大きさに切り、柔らかく塩ゆでにする。

【作り方】
1. にんにくの茎を調味料で味をつける。
2. フライパンを熱し、ごま油をひき、にんにくの茎を炒める。

66 小なすの肉詰め蒸し

【材料】
- 小なす 12~15個
- 牛挽き肉 100g
- にんじん 4cm
- ねぎ 1本
- くず粉 少々

【調味料】
- <肉の味つけ調味料>
- しょうゆ 小さじ1
- にんにく 少々
- 唐辛子 少々
- ごま油 少々
- 砂糖 少々
- <あんかけの味つけ調味料>
- 白だししょうゆ 少々

【下準備】
- ◎なすに切り込みを入れる。
- ◎挽き肉に味をつける。
- ◎にんじんとねぎは刻む。

【作り方】
1. なすの切り込みに小麦粉をまぶし、挽き肉を詰めて蒸す。
2. 鍋に水を入れて、細かく切ったにんじんとねぎを少し煮、白だししょうゆで味をつけ、水で溶いたくず粉を入れてとろみをつけ、なすにかける。

Ⅵ. 野菜のおかず

67

68

69

67 とうふの蒸し物

【材料】
- 木綿豆腐　1丁
- ながいも　5cm
- むきえび　100g
- にんじん　½本
- 片栗粉　大さじ2
- いくら　少々

【調味料】
- 白だししょうゆ　大さじ1~2
- こしょう　少々
- 砂糖　少々
- ＜付けたれ＞
- しょうゆ　大さじ3
- すりごま　少々
- 刻みねぎ　少々
- ごま油　少々
- 粉唐辛子　少々

【下準備】
- ◎豆腐は布をし、重石をして水きりをする。
- ◎ながいもは、すりおろす。
- ◎にんじんは、細かく刻む。
- ◎えびは、たたいてつぶす。

【作り方】
1. 豆腐を裏ごしし、ながいも、にんじん、えび、片栗粉を混ぜ、調味料で味をつける。
2. 型に入れて蒸し器で10分蒸す。
3. 付けたれを作る。

68 ししとうの肉詰め蒸し

【材料】
- ししとう　1パック
- 牛ミンチ　50~60g
- 糸唐辛子　少々

【調味料】
- しょうゆ　小さじ2
- にんにく　少々
- こしょう　少々
- 唐辛子　少々
- 小麦粉　少々
- ＜付けたれ＞
- しょうゆ　大さじ2~3
- ごま油　小さじ1
- ごま　少々
- 刻みねぎ　少々
- 粉唐辛子　少々

【下準備】
- ◎ししとうを洗い、たてに切り目を入れる。
- ◎ミンチに調味料を混ぜる。

【作り方】
1. ししとうにミンチを詰める。
2. 小麦粉をまぶして約10分蒸す。
3. 器に盛りつけてから付けたれを上からかけ、糸唐辛子をふる。

69 卵と豆腐の蒸し物

【材料】
- 卵　3個
- 絹ごし豆腐　½丁

【調味料】
- だし汁　1カップ
- 薄口しょうゆ　大さじ1
- 塩　少々
- ＜かけしょうゆ＞
- しょうゆ　大さじ2
- 粉唐辛子　小さじ⅓
- ごま　少々
- ごま油　少々
- 刻みねぎ　適宜

【下準備】
- ◎豆腐は水きりをする。
- ◎卵を割り、分量を計っておく。
- ◎だし汁を卵の2倍強の量を準備する。

【作り方】
1. 豆腐をさいの目に切る。
2. だし汁を薄口しょうゆと塩で味をつける。
3. 卵をだし汁で溶き、豆腐と混ぜ合わせて型に入れて蒸す。
4. 刻みねぎをかける。好みでかけしょうゆを準備する。

VI. 野菜のおかず

70

71

72

70 そばのム

【材料】
- そば粉　200g

【調味料】
- 塩　小さじ1
- ごま油　大さじ1
- <付けしょうゆ（ムッチャン）>
- ごま油　大さじ1
- しょうゆ　大さじ3
- わけぎ　少々
- ごま　小さじ1
- 粉唐辛子　少々

【下準備】
- ◎そば粉を4倍の水でよく溶かし、塩小さじ1を加える。
- ◎でき上がりを入れる器（バット）に、ごま油を薄く塗る。
- ◎調味料を全部合わせ、ムッチャンを作る。
  - ▶そば粉を水で溶いたら30分ぐらいおく。

【作り方】
1. 鍋を中火にかけ、溶かしたそば粉を入れてよくかき混ぜる。
2. 沸騰してきたら火を弱め、鍋底にこびりつかないようによくかき回す。
3. ぶくぶくした状態で、約5分ぐらい煮る。
4. でき上がる前に、ごま油大さじ1杯を加えて混ぜ、すぐに容器に流し込む。
   - ▶冷やすと固まる。

71 どんぐりのム

【材料】
- どんぐりの粉　200g
- ミンチ　100g
- 刻みねぎ　少々
- 刻みのり　少々
- 水　5カップ

【調味料】
- 塩
- ごま油
- <付けしょうゆ（ムッチャン）>
- ごま油　大さじ1
- しょうゆ　大さじ3
- ごま　小さじ1
- 唐辛子　少々

【下準備】
- ◎どんぐりの粉を水3カップでよく溶かす。
- ◎ミンチをしょうゆ、さとう、こしょうで味をつけ、甘辛く煮る。
  - ▶どんぐりの粉を水に溶いたら30分ぐらいおく。

【作り方】
1. 鍋に水2カップを沸騰させ、溶かした液をかき混ぜながら、少しずつ入れる。
   - ▶ぶくぶくした状態で5分ぐらい煮る。かたいようだったら少し水を加え、塩小さじ1を入れる。
2. 火を止める前にごま油を加えて、すぐに容器に流し込む。
   - ▶冷やすと固まる。
3. 器にムを盛りつけ、ミンチと刻みねぎ、刻みのりをのせる。
4. 付けしょうゆを作り、上からかける。

72 とうがんの煮物

【材料】
- とうがん　500g
- 生貝柱　中10個
- かにかまぼこ　3本
- だし汁　3カップ

【調味料】
- 白だししょうゆ　1/2カップ
- くず粉　大さじ2

【下準備】
- ◎とうがんは皮をむき、卵大に切る。
- ◎貝柱、かにかまぼこを適当な大きさに切る。

【作り方】
1. 鍋にとうがんを入れてだし汁で煮る。
2. 柔らかくなったら貝柱を入れる。
3. だし汁を白だししょうゆ1/2カップで味をつけて、かにかまぼこを加える。
4. くず粉を水大さじ5で溶いて、だし汁にとろみをつける。

Ⅵ. 野菜のおかず

73

74

75

73 揚げなすの詰め物

【材料】
米なす	2本
むきえび	200g
さやいんげん	少々
にんにく	少々
しょうが	少々

【調味料】
しょうゆ	大さじ4
にんにく	少々
砂糖	少々
コチュジャン	大さじ2
ごま	適宜
刻みねぎ	少々

【下準備】
◎なすを半分に切り、中を少しくり抜き、油で揚げる。
◎えびは背綿を取り除く。
◎さやいんげんを塩ゆでにし、細かく切る。
◎調味料を全部合わせる。

【作り方】
1. えびは細かく切ったなすの中身といんげんと一緒に塩、こしょう、にんにく、しょうがで炒める。
2. 揚げたなすの中に1.を入れて、合わせた調味料をかける。

74 キャベツのえごま煮

【材料】
キャベツ	1個
干し貝柱	20個
ベーコン	3枚
昆布とかつおのだし汁	2カップ

【調味料】
えごま	1カップ
小麦粉	大さじ3
しょうゆ	少々
塩	少々
こしょう	少々

【下準備】
◎えごまを水につける。
◎貝柱は水に浸けて柔らかくしておく。
◎キャベツはよく洗い、しんを取り除いておく。
◎ベーコンを刻んでおく。
◎えごまをミキサーに入れて、水3カップを加えてすりつぶし、ガーゼでこす。(皮を取る)

【作り方】
1. 鍋にキャベツを丸ごと入れて、だし汁と貝柱の汁で煮る。
2. 途中で貝柱とベーコンを入れる。
3. しょうゆ、塩、こしょうで味をつけて、さらに煮る。
4. えごまの汁をさらに加え、水溶き小麦粉を加え、汁にとろみをつける。

75 高麗人参の天ぷら

【材料】
高麗人参	適宜
にんじん	適宜
にんにく	適宜
ぎんなん	適宜
卵	1個
小麦粉	適宜

【調味料】
塩

【下準備】
◎高麗人参は、土をきれいに洗って水気をきり、3mmほどの厚さに切る
◎にんじんは4mmほどの厚さに切る。

【作り方】
卵水に小麦粉を混ぜて、180度の油で揚げる。
▶塩で食べる。
▶先に高麗人参を揚げると、油に香りが付き、後に揚げる野菜も香りがよい。

VI. 野菜のおかず

76

77

78

79

76 松茸の焼き物

【材料】
- 松茸　1～2本

【調味料】
- ごま油　適宜
- 塩　適宜

【作り方】
1. きれいに洗った松茸を5mmほどの厚さに切る。
2. 網であぶりながら焼き、ごま油と塩を混ぜたたれをつけて食べる。

77 だし昆布のおつまみ

【材料】
- だし昆布

【調味料】
- 揚げ油　適宜
- 砂糖（グラニュー糖）適宜
- ごま　適宜

【下準備】
◎だし昆布をぬれぶきんできれいにふき、細く切る。

【作り方】
1. 170～180℃の温度で揚げる。
    ▶揚げすぎるとにがい。
    ▶揚げ足りないと固い。
2. 揚げたての熱いうちに、砂糖とごまをからめる。

78 焼き豆腐

【材料】
- 木綿豆腐　1丁
- 赤唐辛子　1本
- 青唐辛子　1本
- ねぎ　少々

【調味料】
- 薄口しょうゆ　大さじ3
- 粉唐辛子　少々
- にんにく　少々
- みりん　大さじ1
- こしょう　大さじ1

【下準備】
◎豆腐を1cmぐらいの厚さに切り、ふきんに包んで水きりをする。
◎赤青唐辛子とねぎを刻む。
◎調味料を全部合わせる。

【作り方】
1. 合わせた調味料に豆腐を浸ける。
2. ごま油をひいたフライパンで両面をこんがり焼く。

79 わけぎのお好み焼き（パジョン）

【材料】
- わけぎ　2束
- 生がき　100g
- えび　適宜
- もち粉　1カップ
- 小麦粉　1カップ
- 卵　1個
- 生唐辛子　適宜
- だし汁　2カップ

【調味料】
<付けたれ>
- しょうゆ　大さじ3
- 酢　小さじ1
- にんにく　少々
- 入りごま　少々
- 粉唐辛子　少々

【下準備】
◎わけぎは3等分に切る。（太い所は縦に切り目を入れる）
◎かきは2～3個に切り、えびも適当な大きさに切る。
◎生唐辛子は細かく切る。
◎調味料を全部合わせて、付けたれを作る。

【作り方】
1. もち粉と小麦粉を合わせ、だし汁2カップで溶き、卵を混ぜ合わせ、塩小さじ1で味をつけ、わけぎを浸ける。
2. 熱したフライパンにごま油をひき、わけぎを並べて、かき、えび、唐辛子をのせて焼く。
    ▶わけぎの代わりに4～5cmに切ったニラを使ってもよい。

Ⅶ. 魚のおかず

80

81

82

80 焼き魚（このしろ） <焼き物>

【材　料】
- このしろ　2尾
- ねぎ　1本

【調味料】
- しょうゆ　大さじ1
- ごま　少々
- にんにく　少々
- 粉唐辛子　少々
- ごま油　少々

【下準備】
- ◎このしろのウロコを取り、小さじ2の塩をふり、30分おく。
- ◎ねぎは刻む。
- ◎調味料は全部合わせておく。

【作り方】
1. さっと洗い、切り目を入れて両面を網で焼く。
2. 合わせた調味料にねぎを混ぜ、かける。

81 白身の魚のお好み焼き <焼き物>

【材　料】
- 白身の魚（きす、たら）　各5枚
- えび　10尾
- 小麦粉　適宜
- 卵　3〜4個

【調味料】
- 塩　少々
- こしょう　少々
- ごま油　少々
- くちなしの花の実　1個

【下準備】
- ◎えびは殻と背わたを取り、開き、少し切り目を入れる。
- ◎白身の魚に塩、こしょうする。
- ◎くちなしをつぶし、水大さじ5で溶かす。

【作り方】
1. 卵を色づけをする。くちなし液を入れる。
2. 魚とえびに小麦粉をまぶし、卵をからめる。
3. ごま油をひいたフライパンで焼く。
■付けたれ：しょうゆ、ねぎ、ごま、粉唐辛子を合わせた物

82 いか焼き <焼き物>

【材　料】
- いか　1ぱい

【調味料】
- コチュジャン　大さじ2
- 砂糖　大さじ1
- こしょう　少々
- みりん　大さじ1
- 酒　小さじ1
- しょうゆ　大さじ1
- にんにくをすった物　少々
- しょうが汁　少々
- ごま　少々
- 刻みねぎ　少々

【下準備】
- ◎調味料を全部合わせる。
- ◎いかは切り目をつける。
- ◎適当な大きさに切る。
  ▶串にさしてもよい。

【作り方】
1. 合わせた調味料を塗り、火にあぶり焼きする。
2. 煎りごまや刻みねぎをふり、クレソンやねぎなどの青い物で飾りつける。

Ⅶ. 魚のおかず

83

84

85

86

83　ひもの（さより）の焼き物　＜焼き物＞

【材　料】
- さより　　　3枚
- ねぎ　　　　少々

【調味料】
- しょうゆ　　大さじ2
- みりん　　　大さじ1
- ごま　　　　少々
- にんにく　　少々
- 粉唐辛子　　少々

【下準備】
- ◎ねぎを刻む。
- ◎調味料を全部合わせる。

【作り方】
1. 網の火で両面をこんがり焼く。
2. 焼き上がったら、ねぎを加えた合わせ調味料をかける。

84　たち魚の焼き物　＜焼き物＞

【材　料】
- たち魚　　　4切れ
- ねぎ　　　　1本
- 生唐辛子　　1本

【調味料】
- しょうゆ　　大さじ2
- ごま　　　　小さじ1
- にんにく　　少々
- 粉唐辛子　　少々
- ごま油　　　少々

【下準備】
- ◎ねぎと生唐辛子を刻む。
- ◎たち魚は塩をふり、30分おく。
- ◎調味料を全部合わせる。

【作り方】
1. たち魚はさっと洗い、水気をとる。
2. 網の火で、両面をこんがり焼く。
3. 合わせた調味料をかける。

85　あんこうのあんかけ（アグチム）　＜揚げ物＞

【材　料】
- あんこう　　　2尾
- 豆もやし　　　100g
- せり　　　　　1/2束
- 干ししいたけ　2～3枚
- ピーマン　　　1個
- ねぎ　　　　　1本
- 春菊　　　　　1束

【調味料】
- 薄口しょうゆ　大さじ2
- 塩　　　　　　少々
- こしょう　　　少々
- コチュジャン　大さじ山盛り1
- 酒　　　　　　大さじ2
- にんにく　　　少々
- しょうが　　　少々
- 片栗粉　　　　適宜

【下準備】
- ◎あんこうに塩、こしょうをして、片栗粉をまぶし、サラダ油で揚げる。
- ◎豆もやしは、豆と根を取り除き、塩を少々入れてゆでる。
- ◎干ししいたけは、水にもどし、せん切りにする。
- ◎せりとねぎ、ピーマンは、長さをそろえる。

【作り方】
1. 鍋の中にしいたけを入れて少し煮、残りの野菜と合わせた調味料を加え、水溶き片栗粉でとろみをつける。
2. 春菊を敷いた皿に揚げたあんこうをのせ、1.をかける。

86　チョギ（いしもち）の揚げあんかけ　＜揚げ物＞

【材　料】
- いしもち　　　1匹
- たまねぎ　　　半分
- 干ししいたけ　2～3枚
- ねぎ　　　　　1本
- しょうが　　　1片
- 赤唐辛子　　　2本
- にんにく　　　1個

【調味料】
- 水　　　　　1カップ
- しょうゆ　　大さじ2
- 砂糖　　　　大さじ1
- こしょう　　少々
- 酒　　　　　少々
- 片栗粉　　　適宜

【下準備】
- ◎いしもちはウロコを取って、きれいに洗い、切り目を入れて薄塩にする。
- ◎たまねぎはせん切りにする。
- ◎干ししいたけは水にもどしてせん切りにする。
- ◎ねぎ、しょうが、にんにく、赤唐辛子はせん切りにする。

【作り方】
1. さっと洗ったいしもちの水分を取り、片栗粉をまぶして油で揚げる。
2. フライパンで、しょうが、にんにく、たまねぎ、干ししいたけを炒める。
3. 2.に水と赤唐辛子、ねぎを加え、水溶き片栗粉を入れてとろみをつけ、少し煮立てて、1.のいしもちにかける。

Ⅶ. 魚のおかず

87

88

87 鯛の姿蒸し　　　　　　　　　　　　　　　　　　　　　　　　　　　　　　　　＜蒸し物＞

【材　料】
- 鯛　　　　　　　　　　1尾
- 牛ミンチ　　　　　　　150g
- 小麦粉　　　　　　　　少々
- 卵　　　　　　　　　　2個
- さやいんげん　　　　　1袋
- 赤唐辛子か赤ピーマン　少々

【調味料】
A
- しょうゆ　　　　大さじ2
- にんにく　　　　少々
- こしょう　　　　少々
- しょうが汁　　　少々
- 唐辛子　　　　　少々
- 小麦粉　　　　　少々
- ごま油　　　　　少々

B
- 昆布だし汁　　　1カップ
- 薄口しょうゆ　　大さじ2 1/2
- 砂糖　　　　　　大さじ3
- 片栗粉　　　　　小さじ2

【下準備】
◎鯛に塩大さじ2をする。2時間ほどおく。
◎ミンチを調味料Aで味をつける。
◎卵はせん切りの錦糸卵にする。
◎いんげんはさっとゆでる。
◎ピーマンはせん切りにする。

【作り方】
1. 鯛に縦に切り目を4～5本入れ、小麦粉をふり、ミンチを詰める。
2. 蒸気の上がった蒸し器で鯛を約30分蒸す。
   ▶こびりつかないように蒸し器の底に白菜かキャベツを1～2枚敷くとよい。
3. 調味料Bのだし汁に、しょうゆと砂糖、水溶き片栗粉を入れて、とろみをつける。
4. 鯛を器に盛り、3をかけて、卵と細かく切ったピーマンといんげんを飾る。

88 えいの蒸し物　　　　　　　　　　　　　　　　　　　　　　　　　　　　　　　　＜蒸し物＞

【材　料】
- 生のえい　　　　1/4尾
- 白ねぎ　　　　　1本
- 糸唐辛子　　　　少々

【調味料】
＜合わせ調味料（チョジャン）＞
- コチュジャン　　大さじ2
- 酢　　　　　　　大さじ2
- 砂糖　　　　　　大さじ2
- しょうゆ　　　　小さじ2
- ごま　　　　　　少々
- 刻みねぎ　　　　少々
- にんにく　　　　少々

【下準備】
◎生のえいを5cmほどの幅に切り、塩をふりかけ、よくもみながら洗う。
◎白ねぎをせん切りにして水にさらす。
◎調味料を全部合わせてチョジャンを作る。

【作り方】
1. 蒸気の上がっている蒸し器に入れて、中火で20分ぐらい蒸す。
   ▶えいが蒸し器にひっつかないように割り箸か、白菜を敷く。
2. 皿に取って白ねぎと糸唐辛子をかけ、チョジャンをつける。

Ⅶ. 魚のおかず

89

90

91

89 えびの蒸し物　　＜蒸し物＞

【材　料】
- えび　　　　　大4尾
- アスパラガス　2本
- セロリ　　　　少々
- 卵　　　　　　2個

【調味料】
- しょうゆ　　大さじ2
- 砂糖　　　　大さじ1/2
- みりん　　　大さじ1
- 粉唐辛子　　少々
- にんにく　　少々
- 塩　　　　　少々
- こしょう　　少々
- 刻みねぎ　　少々
- ごま　　　　少々

【下準備】
- ◎えびの背綿を取り、腹開きをして少し切り目を入れ、塩、こしょうをする。
- ◎アスパラ、セロリは、長さをそろえて切る。
- ◎卵はかたゆでにする。
- ◎調味料を全部合わせる。

【作り方】
1. 黄身と白身に分けて、白身は適当に切って皿に敷いておく。
2. えびに片栗粉をふり、アスパラとセロリを入れ、爪楊枝で止めて5～6分蒸す。
3. 白身を敷いた皿にえびをのせて4.をかけ、黄身を網でこしながらふりかける。
4. 合わせた調味料を食べる直前にかける。

90 蒸しがに　　＜蒸し物＞

【材　料】
- わたりがに　2はい

【調味料】
- しょうゆ　　大さじ2
- コチュジャン　小さじ1
- ごま　　　　少々
- 粉唐辛子　　少々
- 刻みねぎ　　少々

【下準備】
- ◎かにをたわしできれいに洗う。
  ▶甲らを取り、ぜいごも取り除く。砂があれば洗う。
- ◎調味料を全部合わせる。

【作り方】
1. 蒸し器に蒸気が上がったら、かにを入れて7分間ほど蒸す。
2. 殻に身をほぐして盛りつける。
3. 調味料につけながら食べる。

91 棒だら（ミョンテ）の蒸し物　　＜蒸し物＞

【材　料】
- 干し棒だら　1枚
  （ミョンテ）

【調味料】
- コチュジャン　大さじ3
- しょうゆ　　小さじ1
- みりん　　　大さじ1
- 砂糖　　　　大さじ1
- こしょう　　少々
- にんにく　　少々
- ごま　　　　少々

【下準備】
- ◎棒だらは皮の所をたわしを使って、さっと水洗いする。
- ◎固いひれや尾の部分をはさみで切り取り、適当な大きさに切る。
- ◎調味料を全部合わせる。

【作り方】
1. ミョンテに合わせた調味料を塗る。
2. 蒸し器で調味料を塗った方を上にして、約15分ほど蒸す。

Ⅶ. 魚のおかず

92

93

94

92 たち魚と大根の煮物　　　＜煮　物＞

【材料】
- たち魚　1尾
- 大根　½本
- 青唐辛子　1本

【調味料】
- しょうゆ　½カップ
- 砂糖　大さじ山盛り1
- 塩　少々
- みりん　大さじ1
- 粉唐辛子　少々
- にんにく　少々

【下準備】
- ◎たち魚は軽く塩をする。
- ◎大根は大きめに切る。
- ◎調味料を全部合わせておく。
- ◎生の唐辛子を適当に切る。

【作り方】
1. 鍋に水を入れ大根を煮る。
2. 大根が柔らかくなったら、たち魚をさっと洗い、1.に入れる。
3. 合わせた調味料と青唐辛子を加えて、さらに煮る。

93 いわしのアスパラ巻煮　　　＜煮　物＞

【材料】
- いわし　20尾
- アスパラ　1束
- にんにくの茎　1束

【調味料】
- しょうゆ　½カップ
- 砂糖　大さじ山盛り1
- こしょう　少々
- 粉唐辛子　小さじ1
- しょうが　少々
- コチュジャン　小さじ山盛り1
- 小麦粉　少々

【下準備】
- ◎いわしは開いて中骨を取り、こしょうと小麦粉をふりかける。
- ◎アスパラとにんにくの茎は5〜6cmに切る。
- ◎調味料を全部合わせておく。

【作り方】
1. アスパラとにんにくの茎をいわしで巻く。
2. 鍋に水を少し加えて1.を並べ、火にかけて煮る。
3. 全体の色が変わったら、合わせた調味料を加え、弱火で煮る。

94 めばるの煮物　　　＜煮　物＞

【材料】
- めばる　2尾
- ねぎ　1本
- 青唐辛子　1本
- しょうが　1片
- にんにく　少々

【調味料】
- しょうゆ　大さじ3
- 砂糖　小さじ1
- みりん　大さじ1
- コチュジャン　大さじ1
- 粉唐辛子　少々

【下準備】
- ◎めばるは軽く塩をする。煮る前にさっと洗う。
- ◎ねぎ、青唐辛子は斜め切りにする。
- ◎しょうがは刻む。にんにくはすりおろす。

【作り方】
1. 水を少し入れた鍋にしょうがを入れ、一煮立ちしたらめばるを入れる。
2. 全部合わせた調味料を加える。
3. 青唐辛子を加えてさらに煮て、ねぎを加える。

Ⅶ. 魚のおかず

95

96

97

98

95 いいだこの煮物　　＜煮　物＞

【材料】
- いいだこ　3～4匹
- ごぼう　1本
- ねぎ　1本

【調味料】
- しょうゆ　大さじ5～6
- 酒　大さじ1
- 砂糖　大さじ3
- にんにく　少々
- 粉唐辛子　大さじ1
- コチュジャン　大さじ1

【下準備】
- ◎たこは一握りの塩をまぶして充分にもみ、水で洗い、ざるにあげておく。
- ◎ごぼうは適当な大きさに切っておく。
- ◎ねぎは刻んでおく。
- ◎調味料は全部合わせておく。

【作り方】
1. いいだこを4～5cmに切り、調味料で味をつける。
2. フライパンを熱して1.を入れ、ごぼうを加えてさっと炒める。
3. 最後にねぎを入れる。

96 かにの煮込み　　＜煮　物＞

【材料】
- わたりがに　2～3はい
- ねぎ　2本

【調味料】
- しょうゆ　大さじ4～5
- 白味噌　大さじ2
- コチュジャン　大さじ1
- 粉唐辛子　少々
- にんにく　少々
- しょうが　少々
- みりん　大さじ3
- 酒　大さじ3

【下準備】
- ◎かにをよく洗い、殻からはずしてぜいごを取り除き、その部分を洗って切る。
- ◎ねぎは切っておく。
- ◎調味料を全部合わせておく。

【作り方】
1. 切ったかにを鍋に並べて入れ、水を2カップ加え、合わせた調味料をかけて煮る。
2. ねぎをちらして盛りつける。

97 じゃこの炒め物　＜炒め物＞

【材料】
- じゃこ　200g
- ごま　少々
- ねぎ　少々

【調味料】
- しょうゆ　大さじ1
- 砂糖　大さじ2
- みりん　大さじ1
- こしょう　少々
- 粉唐辛子　少々

【下準備】
- ◎じゃこはさっと洗って水気をきっておく。

【作り方】
1. 大さじ1のごま油をひいたフライパンでじゃこを炒める。
2. 調味料で味をつけて、ごまとみじん切りしたねぎを加える。

98 いかのさしみ　＜さしみ＞

【材料】
- 剣先いか　1ぱい
- イクラ　適宜
- きゅうり　1本

【調味料】
＜付けたれ＞
- コチュジャン　大さじ2
- 酢　大さじ2
- 砂糖　大さじ2
- しょうゆ　小さじ2
- にんにく　少々
- ごま　少々

【作り方】
1. さしみ用のいかを細くせん切りにし、イクラときゅうりを飾る。
2. 調味料を全部合わせて、付けたれを作る。
▶すぐに食べる時は、あえるか、上からかけてもよい。

Ⅶ. 魚のおかず

99
ⓐ　　　　ⓑ　　　　ⓒ

100

101

102

99 さしみ3品　　　　　　　　　　　　　　　　　　　　　　　　　　　＜さしみ＞

【材　料】
ⓐ鯛
ⓑ鯉
ⓒたこ

【調味料】
＜付けたれ＞
コチュジャン　大さじ3
酢　　　　　　大さじ2
砂糖　　　　　大さじ2
みりん　　　　少々
煎りごま　　　少々
刻みねぎ　　　少々

【下準備】ⓑ鯉さし
◎生きた鯉の頭を切り落とし、血を流し切る。（しっぽを持って逆さにするとよい）
◎付けたれを作っておく。

【作り方】ⓑ鯉さし
1.鯉を3枚におろし、皮を取る。
2.きれいな布で身をふき、さし身におろす。
3.頭を布でふき、えらを取り除き、出歯包丁でたたいてミンチ状にする。約10分ぐらいたたく。
4.お皿に盛り付ける。
▶途中で洗わないこと。

100 えいのさしみ　　　　　　　　　　　　　　　　　　　　　　　　　　＜さしみ＞

【材　料】
えい　　　　1/4尾
大根　　　　20cm
春菊　　　　1束
レモン　　　少々

【調味料】
＜合わせ調味料＞
コチュジャン　大さじ2
酢　　　　　　大さじ3
砂糖　　　　　大さじ3
しょうゆ　　　大さじ1
ごま　　　　　少々
刻みねぎ　　　少々
にんにく　　　少々
塩　　　　　　少々
酢　　　　　　少々

【下準備】
◎えいを3枚におろし中骨を取る。
◎大根は5cmほどの長さのせん切りにする。
◎春菊は洗って茎を取り除く。
◎レモンは薄切りにする。

【作り方】
1.幅1.5cm、長さ5cmほどの切り身にし、塩をふりかけてもみ洗いをする。
2.酢を少々かけてしめ、水分のないようにふきんでふきとる。
3.全部を皿に盛りつけて、合わせ調味料をかける。

101 まぐろのあえ物 ＜さしみ＞

【材　料】
まぐろ　　　200g
細青ねぎ　　1束
サラダ菜　　少々

【調味料】
コチュジャン　大さじ2
酢　　　　　　大さじ2
砂糖　　　　　大さじ2
しょうゆ　　　小さじ2
ごま　　　　　小さじ2
にんにく　　　少々

【下準備】
◎まぐろは、拍子切りにする。
◎ねぎは、3～4cmに切る。
◎サラダ菜は洗って皿にひく。
◎調味料を全部合わせる。

【作り方】
まぐろ、ねぎを合わせた調味料であえて、盛る。

102 あわびのさしみ ＜さしみ＞

【材　料】
あわび　　　2個

【調味料】
コチュジャン　大さじ2
砂糖　　　　　大さじ2
酢　　　　　　大さじ2
刻みねぎ　　　少々

【下準備】
◎あわびは、たわしを使ってきれいに洗う。
◎調味料は全部合わせておく。

【作り方】
1.大きめのスプーンを使って、あわびを殻からはずす。
2.肝の部分をはずし、身を薄く切る。
3.肝はさっと湯通しをする。

Ⅷ. 肉のおかず

103

104

105

106

107

103　牛肉の網焼き

【材料】
- 網焼き用肉　400g
- 白ねぎ　1本
- サラダ菜　適宜

【調味料】
- しょうゆ　大さじ4
- 砂糖　大さじ2
- 酒　大さじ1
- 粉唐辛子　大さじ2
- にんにく　少々
- こしょう、ごま　少々
- ごま油　小さじ1

【下準備】
- ◎肉は包丁の刃でたたいておく。
- ◎ねぎは細かく切る。
- ◎ごま油以外の調味料を全部合わせる。

【作り方】
1. 肉を、合わせた調味料で味つける。
2. 1.にねぎとごま油を加え、網にごま油を塗って、両面を焼く。

104　牛肉のフライパン焼き

【材料】
- 牛肉もも肉　400g
- 白ねぎ　1本
- サラダ菜　適宜

【調味料】
- しょうゆ　大さじ4
- 砂糖　大さじ1
- 酒　大さじ1
- 粉唐辛子　大さじ2
- にんにく　少々
- こしょう　少々
- ごま　少々
- ごま油　小さじ1

【下準備】
- ◎ねぎは細かく切る。
- ◎ごま油以外の調味料を全部合わせる。

【作り方】
1. 肉を合わせた調味料で味つける。
2. 1.にねぎとごま油を加え、熱したフライパンで焼く。
3. サラダ菜を飾る。

105　牛肉とキムチの串さし

【材料】
- 牛肉　100g
- キムチ（古い物）　2枚
- わけぎ　1束
- わらび　10本

【調味料】
- しょうゆ　小さじ2
- 砂糖　小さじ1
- こしょう　少々
- ごま油　小さじ1

【下準備】
- ◎牛肉は拍子切りにする。
- ◎キムチとわけぎ、わらびを牛肉と同じ長さに切りそろえる。

【作り方】
1. 牛肉を調味料で味をつける。
2. 串に肉、キムチ、わらび、わけぎを順番にさす。
3. 熱したフライパンで焼く。

106　牛肉の串焼き

【材料】
- 牛肉もも肉　500g
- 串

【調味料】
- 塩
- こしょう
- ごま
- ごま油

【下準備】
- ◎肉は繊維を切るように1～2cm幅に切りそろえる。
- ◎肉をよくたたき、串に通して塩、こしょうをする。

【作り方】
1. フライパンにごま油をひいて焼く。
2. ごまをふる。

107　骨つきカルビ肉の煮物（カルビチム）

【材料】
- 骨つきカルビ肉　1kg
- 梨の絞り汁　1/2個分
- 栗　10個
- ぎんなん　20個
- 干ししいたけ　5～6枚
- 干しなつめ　10個
- 松の実　小さじ2
- 卵　1個

【調味料】
- しょうゆ　1/2カップ
- 砂糖　1/2カップ
- こしょう　少々
- しょうが　1片
- にんにく　3片
- みりん　大さじ2
- 酒　大さじ2
- ごま油　大さじ1

- ◎干ししいたけとなつめは水に浸ける。
- ◎卵は黄身と白身に分けて、薄く焼く。
- ◎にんにくとしょうがはすりおろす。

【作り方】
1. 厚手の鍋に、ごま油以外の調味料を合わせ、梨の汁のまま肉を混ぜる。
2. 干ししいたけは4つ切りにし、なつめは種を取る。
3. 1.に栗、なつめ、干ししいたけを一緒に入れて、水半カップを加えて1時間ほどことこと煮る。
4. 薄焼き卵をひし形に切る。
5. 肉が骨からはずれるようになったら、松の実とぎんなんを入れてさっと煮る。
6. ごま油をかけて器に盛りつけ、卵をちらす。

【下準備】
- ◎ばら肉をさっと洗い、脂肪の多い所を取り除き、梨の汁をふりかける。
- ◎栗はしぶ皮を切り取る。ぎんなんは皮を取る。

Ⅷ. 肉のおかず

108

109

110

108 牛肉のしょうゆ漬け

【材料】
- 牛肉すね固まり　600g
- うずらの卵　1パック
- にんにく　5〜6個

【調味料】
- しょうゆ　1カップ
- 青唐辛子　2〜3本
- おろしにんにく　2個分
- こしょう　少々
- 砂糖　少々
- おろししょうが　1片分
- 粒さんしょう　10個
- 酒　少々

【下準備】
- ◎牛肉を水に浸けて血抜きをする。約20分。
- ◎うずらの卵はゆでて殻をむく。
- ◎にんにくの皮をむく。

【作り方】
1. 鍋に水と（牛肉が浸かるぐらい）おろししょうがと粒さんしょう、酒少々を入れて火にかけ、沸騰したら肉を入れて煮る。
2. 肉に火が通ったら、調味料を全部入れて煮込む。約2時間。
3. うずらとにんにくも入れて煮る。

109 牛すじ肉の煮物

【材料】
- 牛すじ　500g
- れんこん　小1本
- こんにゃく　1丁
- 赤唐辛子　1本
- 白ねぎ　少々

【調味料】
- しょうゆ　大さじ5〜6
- みりん　大さじ1
- 砂糖　大さじ3
- にんにく　1片
- 粉唐辛子　小さじ1

【下準備】
- ◎牛すじ肉を沸騰した湯に通し、ざるにあげ、一口大に切る。
- ◎れんこんは乱切りにして、さっとゆでておく。
- ◎こんにゃくは包丁でたたき、一口大にちぎり、湯通ししておく。

【作り方】
1. 牛すじ肉とこんにゃくを調味料で味つける。
2. 鍋に入れて水2カップを加え、すじが柔らかくなるまで煮る。
3. 野菜を加えてさらに煮て、最後にねぎを入れる。

110 アキレスケンの煮物

【材料】
- ゆでアキレスケン　500g
- 糸唐辛子　少々

【調味料】
- しょうゆ　大さじ3
- 砂糖　大さじ1
- 酒　大さじ1
- みりん　大さじ1
- にんにく　少々
- しょうが　少々
- 粉唐辛子　少々

【下準備】
- ◎調味料を全部合わせる。

【作り方】
1. アキレスケンを一口大に切る。
2. 鍋に1.を入れて、ひたひたぐらいの水を加えて、柔らかくなるまで煮る。
3. 調味料を入れて、水気がなくなるまで煮る。
4. 糸唐辛子を上からかける。

Ⅷ. 肉のおかず

111

112

113

111 牛アキレスのゼリー固め

【材料】
牛アキレス　1kg

【調味料】
＜付けたれ（チョジャン）＞
コチュジャン　大さじ2
砂糖　　　　　大さじ2
酢　　　　　　大さじ1
ねぎ　　　　　少々
ごま　　　　　少々
にんにく　　　少々

【下準備】
◎牛アキレスを一度湯通しする。（ゆで汁は捨てる）

【作り方】
1. 鍋に入れて、肉より少し多めの水で20分ぐらい煮て、肉を取り出し一口大の大きさに切り、鍋にもどす。
2. 2時間ほどぐつぐつ煮て、煮上がった物をバットに入れて、冷やして固める。
3. 調味料でチョジャンを作り、それにつけて食べる。
   ▶ わさびじょうゆにつけて食べてもよい。

112 ゆでタン

【材料】
牛タン　　　1/2本
赤ワイン　　1/2カップ
にんにく　　1個

【調味料】
＜付けたれ（チョジャン）＞
酢　　　　　　大さじ3
砂糖　　　　　大さじ2
コチュジャン　大さじ2
ねぎ　　　　　少々
ごま　　　　　少々

【下準備】
◎タンはきれいに洗い、沸騰した湯の中にくぐらせて皮をむき、赤ワインをふりかけて20〜30分おく。
◎調味料で付けたれを作る。

【作り方】
1. 鍋に湯を沸騰させて、にんにくとタンを入れて1時間煮る。
2. 煮上がったタンを薄切りにする。
   ▶ せん切りにしたタンと、生野菜をたれ（チョジャン）であえてもよい。

113 ゆで豚肉

【材料】
豚ロース　　　600g
（またはバラ肉）
しょうが　　　2片
にんにく　　　2個
ねぎ　　　　　1本
味噌　　　　　大さじ1
酒　　　　　　大さじ3

【調味料】
＜付けたれ＞
酢　　　　　　大さじ2
砂糖　　　　　大さじ1
コチュジャン　大さじ2
ねぎ　　　　　少々
ごま　　　　　少々
塩　　　　　　少々
こしょう　　　少々

【下準備】
◎豚肉をタコ糸でしばる。
◎鍋に豚肉がつかるぐらいの湯を沸かす。

【作り方】
1. 沸騰した鍋に全部の材料を入れる。味噌は溶かして入れる。沸騰してきたら中火にし、完全に火が通るまで1〜2時間ほど煮る。
   ▶ 肉が完全につかるぐらいの湯を保つため、途中で熱湯をさす。
   ▶ 完全に煮えたかは竹串を刺してみる。汁に入れたまま冷ます。
2. 付けたれを作る。
   ▶ あみの塩辛もよい。

VIII. 肉のおかず

114

115

116

114　キムチの豚肉巻

【材料】
- 豚肉薄切り　200g
- キムチ　少々
- いんげん　1束
- ねぎ　1本

【調味料】
- しょうゆ　大さじ4
- ごま油　小さじ1
- 粉唐辛子　少々
- ごま　少々
- 塩　少々
- こしょう　少々

【下準備】
- ◎いんげんをさっと塩ゆでにする。
- ◎キムチを刻む。
- ◎ねぎを細切りにする。
- ◎調味料を全部合せておく。

【作り方】
1. 豚肉2枚を巻きやすいように縦に並べ、塩、こしょうをする。
2. キムチといんげん、ねぎを同じ長さに並べて巻く。
3. フライパンに油をひき、巻いた肉の端を下にして炒める。
   ▶合わせた調味料をつけて食べる。

115　豚肉スペアーリブの蒸し物

【材料】
- スペアーリブ　12個
- 刻みねぎ　適宜

【調味料】
- こしょう　少々
- 酒　少々
- 味噌　少々
- 刻みしょうが　少々

〈かけじょうゆ〉
- しょうゆ　大さじ4
- 砂糖　大さじ1
- ごま　大さじ1
- ごま油　少々
- にんにく　少々

【下準備】
- ◎肉に切り目を入れ、こしょう、しょうゆ、酒、味噌、刻んだしょうがをすりこむ。
- ◎かけじょうゆを混ぜ合せ、ねぎを加える。

【作り方】
蒸気の上がっている蒸し器で20～30分蒸す。

116　豚肉とキムチの炒め物

【材料】
- 豚肉薄切り　300g
- キムチ　1/4株
- 青ねぎ　少々
- （わけぎでもよい）

【調味料】
- ごま油　少々
- しょうゆ　少々
- こしょう　少々
- 酒　少々

【下準備】
- ◎豚肉を細かく切り、酒、こしょうを少々ふる。
- ◎キムチを切る。
- ◎ねぎを刻む。

【作り方】
1. フライパンにごま油をひき、豚肉を炒める。
2. 完全に火が通ったら、切ったキムチとねぎを加え、さっと炒める。
   ▶キムチを洗った場合、しょうゆで味をつける。

Ⅷ. 肉のおかず

117

118

119

117 鶏肉の揚げ煮

【材料】
- 骨つき鶏肉　1/4羽分
- （または、鶏もも肉3本）
- 干しパイン　2個
- 干しプラム　5個
- 干ししいたけ　2枚
- ピーマン（赤・青）1個
- 揚げ油
- 片栗粉

【調味料】
- しょうゆ　大さじ3
- みりん　大さじ1
- 酒　大さじ1
- コチュジャン　大さじ1 1/2
- にんにく　少々
- しょうが　少々
- 砂糖　少々
- こしょう　少々

【下準備】
◎鶏肉をぶつ切りにして、（分量外）しょうゆ、酒、にんにく、こしょう、しょうがに20分ほどつける。
◎パインは6等分に切り、ピーマンは乱切りにする。
◎干ししいたけは水にもどして、4等分にする。
◎にんにくとしょうがはする。

【作り方】
1. 鶏をざるにあげる。片栗粉をまぶして油でしっかり揚げる。
2. 厚手の鍋に水1/2カップを入れて、切ったパインを少し煮る。
3. 2.にプラムとしいたけと、もどし汁を加えて火にかけ、1.の鶏を加えて少し煮る。
4. 調味料を混ぜ合わせ、3.に入れて煮る。
5. 味をみてから、乱切りにしたピーマンを加えてさっと煮る。

118 砂肝の野菜煮

【材料】
- 砂肝　300g
- にんにくの茎　3本
- 赤唐辛子　1本
- 干ししいたけ　5枚

【調味料】
- しょうゆ　大さじ1 1/2
- みりん　大さじ1
- 砂糖　大さじ1
- にんにく　1片
- コチュジュン　大さじ2
- 赤ワイン　大さじ3

【下準備】
◎砂肝は、よく洗って筋から一口大に切り離し、ワインに浸けておく。
◎にんにくの茎は、さっと塩ゆでにして、3cmぐらいに切りそろえる。
◎しいたけは水にもどして切っておく。赤唐辛子は切っておく。

【作り方】
砂肝とにんにくの茎、しいたけを鍋に入れて、全部の調味料と水大さじ3としいたけのもどし汁で煮る。赤唐辛子も加える。

119 砂肝の串焼き

【材料】
- 砂肝　300g
- 竹串

【調味料】
- 赤ワイン　大さじ3
- A..................
- しょうゆ　大さじ3
- 砂糖　大さじ2
- こしょう　少々
- コチュジュン　小さじ1
- にんにく　少々

【下準備】
◎砂肝は、皮からはずすように細かく切り、赤ワインにつけて臭みを取る。
◎調味料Aを合わせておく。

【作り方】
1. 赤ワインから引き上げた砂肝を竹串にさして、合わせた調味料にからめる。
2. フライパンにごま油をひいて砂肝を焼き、汁を煮詰める。

Ⅸ. キムチ

120

121

122

120 白菜のキムチ

【材料】
白菜	大2株
大根	1/2本
せり	2束
ねぎ	1本
にんにく	5片
粉唐辛子	1～1 1/2カップ
しょうが	少々

【調味料】
塩	1 1/2カップ
砂糖	少々
梨の絞り汁	1個分
（またはりんごの絞り汁）	
酒.(みりん)	1/2カップ
あみの塩辛	1カップ
だし汁	1カップ
小麦粉	大さじ1

【下準備】
◎白菜を四等分にして干し、少ししんなりしたらよく洗い、塩をして、ひと晩おく。
◎にんにくとしょうがをすりおろしておく。
◎大根はせん切りに、せりは4～5cmに切る。
◎ねぎは細かく切る。
◎だし汁に小麦粉を溶かして煮たて、のり状にして冷ましておく。

【作り方】
1. 白菜を水で洗い、ざるに上げてしっかり水きりをする。
2. 大きなボールに大根、せり、ねぎ、にんにく、しょうが、砂糖、梨の汁、のり状のだし汁、粉唐辛子、あみの塩辛、酒を混ぜる。
3. 2.を1.の白菜にはさみ込む。
▶よく巻いている白菜の場合は、薄塩の塩水に浸けて株元に塩をする。

121 白菜の水キムチ

【材料】
白菜	1株
大根	1/2本
せり	2束
わけぎ	5本
にんじん	1本
昆布だし汁	5カップ

【調味料】
塩	2/3カップ
梨	1個
柿の皮	数個分
にんにく	5片
しょうが	少々

【下準備】
◎白菜を四等分にして、少し干してしんなりさせる。しんなりした白菜をよく洗い、塩をして5～6時間おく。
◎にんにくは皮を取る。
◎しょうがは薄切りにする。
◎梨は半分に切る。
◎せりとわけぎは適当に切る。
◎昆布だしに薄く塩味をつける。

【作り方】
1. 白菜を水洗いし、ざるにあげて水きりをする。
2. 容器に半分の量の白菜を入れ、他の材料をはさみ込み、残りの白菜を乗せて重石をする。
3. 昆布だしを白菜が浸かるぐらい入れる。
▶酸味がつくまで2～3日室温におく。

122 即席水キムチ

【材料】
白菜	1/4株
大根	15cm
せり	少々

【調味料】
塩	大さじ3
にんにく	2片
しょうが	小さじ2
粉唐辛子	大さじ1
昆布だし汁	3カップ
梨の絞り汁	半個分

【下準備】
◎白菜は4～5cm角に、大根は4～5cm角の薄切りにし、全部合わせて塩をふってしんなりするまでおく。
◎にんにくとしょうがはすりおろし、粉唐辛子と一緒にガーゼの袋に入れておく。
▶お茶の袋を使うと簡単。
◎せりは洗って細かく切っておく。

【作り方】
1. しんなりした白菜をざるにあげる。
▶長く置きすぎたり、塩辛ければ、さっと水洗いする。
2. 1.にだし汁を加え、にんにくの袋、梨の絞り汁、せりを合わせる。
▶ひと晩室温に置けば早く味がつく。

IX. キムチ

123

124

125

123 白菜のキムチ（かき入り）

【材料】
- 白菜　　　　2株
- 大根　　　　1/2本
- せり　　　　2束
- ねぎ　　　　1本
- かき　　　　200〜300g
- にんにく　　3片
- 唐辛子　　　1〜1.5カップ
- しょうが　　3片
- あみの塩辛　1カップ

【調味料】
- 塩　　　　　　　　1カップ
- 砂糖　　　　　　　少々
- 梨の絞り汁　　　　1個分
  （またはりんごの絞り汁）

【下準備】
- ◎白菜を四等分にして、少し干してしんなりさせ、白菜をよく洗い塩をし、5〜6時間おく。
  ▶よく巻いている白菜の場合、薄塩の塩水に浸けて、株元に塩をふる。
- ◎かきは洗って刻んでおく。
- ◎大根はせん切りにし、ねぎとせりも5〜6cmの長さに切る。
- ◎あみの塩辛とにんにく、しょうがをミキサーに入れてすりつぶす。

【作り方】
1. 白菜をざるにあげて、さっと洗い、水きりをする。
2. 大根を大きなボールに入れ、粉唐辛子を少々まぶして色づけをし、さらに唐辛子、砂糖、梨の汁、ミキサーですった物を混ぜて、最後にかきを加える。
3. 白菜1枚1枚にはさみ込む。

124 大根のキムチ（カクテギ）

【材料】
- 大根　　　大1本
- 白ねぎ　　1本

【調味料】
- 塩　　　　　　　大さじ2
- 砂糖　　　　　　大さじ2
- みりん　　　　　大さじ1
- 粉唐辛子　　　　大さじ5
- にんにく　　　　2片
- しょうが　　　　1片
- あみの塩辛　　　大さじ2
- 果物の絞り汁　　大さじ5
  （梨かりんご）
- だし汁　　　　　1カップ
- 餅米の粉　　　　大さじ2
  （又は小麦粉）

【下準備】
- ◎大根を洗って2cm角に切って塩をし、しんなりするまで重石をする。
- ◎にんにく、しょうがはすっておく。
- ◎だし汁に餅米の粉を溶かして煮、のり状にしておく。
- ◎ねぎは刻んでおく。

【作り方】
1. 大根をざるにあげて水気をきる。味をみて塩辛ければ洗う。
2. 大きなボールに大根、粉唐辛子、にんにくしょうがをすった物、果物の汁、あみの塩辛、みりん、砂糖、だし汁ののり状を入れてよく混ぜ合わせる。
3. ねぎを加えてざっくりと混ぜ合わせる。
   ▶ひと晩冷蔵庫に入れずに置いておくと味がつく。

125 大根の丸漬け（トンチミ）

【材料】
- 小さめの大根　　3本
- ねぎ　　　　　　1本
- 唐辛子（赤・青）2本
- なし　　　　　　1個
- しょうが　　　　2〜3片
- にんにく　　　　2〜3片
- 大根の葉　　　　少々

【調味料】
- 塩　　　　　　　1カップ

【下準備】
- ◎大根を転がして全体に塩をする。
- ◎ねぎを2〜3等分に切る。
- ◎しょうがとにんにくの皮を取っておく。
- ◎梨を適当に切る。
- ◎大根の葉を洗って長めに切り、塩をする。

【作り方】
1. 容器に大根、ねぎ、しょうが、にんにく、唐辛子、梨を入れて重石をし、3〜4日おいておく。
   ▶大根の葉をかぶせる。（カビを避けるために）
2. 3〜4日して大根が浸かるくらい水分があればよい。
   ▶浸かっていなければ、1度沸騰させて冷ました薄い塩水を加え、さらに漬ける。

IX. キムチ

126

127

128

126 大根のキムチ

【材料】
大根	3本
梨	1個
大根の葉	少々
あみの塩辛	大さじ3
いかの塩辛	100g
にんにく	2〜3片
しょうが	1片

【調味料】
塩	1/2カップ
砂糖	大さじ2
粉唐辛子	大さじ6

【下準備】
◎大根1本を4つに切って塩をする。重石をして全体がしんなりするまで2〜3日おく。大根の葉も一緒に塩をする。
◎梨はすりおろし、絞り汁を取っておく。
◎にんにくとしょうがをすっておく。

【作り方】
1. 大根をざるにあげて、汁はすてる。
2. あみの塩辛、いかの塩辛、粉唐辛子、砂糖、梨の絞り汁、にんにくとしょうがをすった物を合わせる。
3. 大根に2.をからめ、容器に入れて大根の葉をかぶせ、重石をする。
▶1〜2日で味が付いたら冷蔵庫へ。

---

127 チョンガーキムチ

【材料】
チョンガー大根	20個
わけぎ	1束

【調味料】
塩	大さじ山盛り5
粉唐辛子	1カップ
にんにく	1片
しょうが汁	大さじ1
砂糖	大さじ2
アミの塩辛	大さじ2
いわしの塩辛	大さじ3
酒	大さじ2
梨の絞り汁	1個分

【下準備】
◎チョンガー大根をよく洗い、全体に塩をする。
▶大根が太い時、縦に切り目を入れる。
▶葉の方がしんなりするまで約3時間。
◎粉唐辛子に調味料を全部入れる。

【作り方】
調味料にわけぎを長いまま入れ、大根にからめる。

---

128 小かぶのキムチ

【材料】
小かぶ	小10個

【調味料】
塩	大さじ5
にんにく	2片
しょうが	2片
粉唐辛子	大さじ5
あみの塩辛	大さじ2
酒（みりん）	大さじ1
砂糖	大さじ2
果物の絞り汁	1個分
昆布と鰹のだし汁	1カップ
餅米の粉（又は小麦粉）	大さじ2

【下準備】
◎小かぶを洗って、大根の部分に縦に3〜4本切り目を入れ、塩をする。しんなりするまで重石をする。
◎にんにくとしょうがはする。
◎だし汁に餅米の粉を溶かして煮、のり状にする。

【作り方】
1. 小かぶをさっと洗いい、ざるにあげて水気を切る。
2. 大きなボールに粉唐辛子、にんにく、しょうが、果物の汁、あみの塩辛、酒、砂糖、だし汁を入れてよく混ぜ合わせる。
3. 小かぶに、2.を混ぜる。
▶ひと晩冷蔵庫に入れずに置いておくと味がつく。

IX. キムチ

129

130

131

129 大根巻きキムチ

【材料】
- 大根　　1/2本
- にんじん　1本
- せり　　3束
- きゅうり　3本
- だし汁　1カップ

【調味料】
- 塩　　　　　適宜
- あみの塩辛　大さじ2
- たかのつめ　2本
- 梨の絞り汁　1個分
  （またはりんごの絞り汁）
- にんにく　　1片
- しょうが　　1片

【下準備】
- ◎だし汁にあみの塩辛とたかのつめを入れて1度沸騰させ、冷ましておく。
- ◎大根を丸く薄切りにして、軽く塩をする。
- ◎にんじんときゅうりは大根の直径の長さに細切りにする。
- ◎せりは長い物（結ぶ時に使う）に塩をし、短い物は切りそろえる。
- ◎にんにくとしょうがはすっておく。

【作り方】
1. 大根をさっと洗って水気をきる。
2. 大根ににんじん、きゅうり、せりを入れて巻き、せりで結び。
3. 2.を器に並べ、だし汁、にんにく、しょうが、梨の汁を入れる。

130 きゅうりの漬け物（オイキムチ）

【材料】
- きゅうり　　10本
- ニラ　　　　少々
- 大根　　　　5cm
- にんじん　　1/3本
- だし汁　　　1カップ

【調味料】
- 塩　　　　適宜
- にんにく　少々
- 砂糖　　　小さじ1
- 糸唐辛子　少々
- あみ塩辛　大さじ1
- 酒　　　　大さじ1
- 果物の絞り汁　1/2カップ
- しょうが汁　少々

【下準備】
- ◎昆布とかつおのだし汁にあみの塩辛と酒を入れて沸騰させ、さらしておく。
- ◎きゅうりに大さじ1の塩をふり、板ずりにする。半分に切り、途中に切り目を入れて塩大さじ1で全体がしんなりするまでおき、さっと洗い、ざるにあげておく。
- ◎にんじんと大根は3～4cmの長さにせん切りし、軽く塩をする。
- ◎ニラは細かく切る。

【作り方】
1. にんじんと大根を絞り、ニラと合わせる。
2. 残りの調味料を混ぜ合わせ、1.に混ぜる。
3. きゅうりの切り目に詰め込む。だし汁を加えて味を整える。
  ▶薄ければ塩を加える。

131 きゅうりの水キムチ

【材料】
- きゅうり　3本
- 梨　　　　1/2個
- だし汁　　1カップ

【調味料】
- 塩　　　　　大さじ1
- にんにく　　少々
- 生唐辛子　　2本
- しょうが　　少々
- あみの塩辛　大さじ1
- 酒　　　　　大さじ1
- 梨の絞り汁　大さじ3

【下準備】
- ◎昆布とかつおのだし汁を1カップとり、あみの塩辛と酒を加えて沸騰させ、さらして冷ましておく。
- ◎きゅうりは斜めに切り目を入れながら4つに切り、塩をする。
- ◎にんにくとしょうがは刻み、唐辛子と一緒にガーゼの袋に入れる。
  ▶お茶の袋を使ってもよい。
- ◎梨を適当に切る。

【作り方】
1. きゅうりがしんなりしたらざるにあげておく。
2. 容器にきゅうり、だし汁、梨と絞り汁、袋に入れた物を合わせて冷やし、1～2日でできあがり。

IX. キムチ

132

133

134

132 大根葉のキムチ

【材　料】
- 大根葉　3束
- ねぎ　少々
- 青唐辛子　2～3本

【調味料】
- 塩　大さじ6
- にんにく　少々
- しょうが　少々
- 粉唐辛子　大さじ5
- 小麦粉　大さじ1
- 昆布だし汁　1カップ
- あみの塩辛　大さじ1
- 魚の塩辛の汁　大さじ1
- 果物の絞り汁　1/2カップ

【下準備】
- ◎菜っ葉をきれいに洗い、塩漬けする。
- ◎ねぎは2～3cmのせん切りにする。
- ◎青唐辛子は、みじん切りにする。
- ◎だし汁に小麦粉を溶かし、煮立てて少しとろみをつける。

【作り方】
1. しんなりしたら、菜っ葉をざるにあげる。
2. だし汁が完全に冷めたら、にんにく、しょうが、粉唐辛子、果物の汁、塩辛を混ぜて、ねぎと青唐辛子を加える。
3. 菜っ葉と2.を混ぜる。
   ▶青臭さが出ないよう、さっとあえる。

133 からし菜のキムチ

【材　料】
- からし菜　3束
- ねぎ　少々
- 青唐辛子　2～3本

【調味料】
- 塩　大さじ6
- にんにく　少々
- しょうが　少々
- 粉唐辛子　大さじ5
- 小麦粉　大さじ1
- 昆布だし汁　1カップ
- あみの塩辛　大さじ1
- 魚の塩辛の汁　大さじ1
- 果物の絞り汁　1/2カップ

【下準備】
- ◎からし菜をきれいに洗い、塩水漬けにする。（菜っ葉が浸かるくらい）2～3日間重石をする。
- ◎ねぎは2～3cmのせん切りにする。しょうがとにんにくはする。
- ◎青唐辛子はみじん切りにする。
- ◎だし汁に小麦粉を溶かして煮立て、少しとろみをつける。

【作り方】
1. しんなりした菜っ葉をざるにあげる。
2. だし汁が完全に冷めたらにんにく、しょうが、粉唐辛子、果物の汁、塩辛を混ぜて、ねぎと青唐辛子を加える。
3. 菜っ葉と2.を混ぜる。
   ▶青臭さがでないよう、さっとあえる。

134 青菜の水キムチ

【材　料】
- 青菜（または大根葉）　3束
- しろ菜　3束
- ねぎ　少々
- きゅうり　2本
- 青唐辛子　2～3本

【調味料】
- 塩　菜っ葉の重さの5％
- にんにく　少々
- しょうが　少々
- 青唐辛子　少々
- 粉唐辛子　少々
- 小麦粉　大さじ1
- だし汁　3～4カップ
- あみの塩辛　1/2カップ

【下準備】
- ◎青菜としろ菜を5～6cmに切り、きれいに洗い、塩漬けにする。
- ◎きゅうりは拍子切りにして、塩をふる。
- ◎ねぎは2～3cmに細かく切る。青唐辛子はみじん切りにする。

【作り方】
1. 青菜、しろ菜、きゅうりはしんなりしたら、さっと洗い水気をきる。
2. だし汁にあみの塩辛を入れて少し煮てこし、その中に溶かした小麦粉を煮立ててとろみをつける。
3. 2.が完全に冷めたら、にんにく、しょうが、粉唐辛子を合わせ、1.を加えて混ぜる。

IX. キムチ

135

136

137

135 チンゲン菜の水キムチ

【材料】
- チンゲン菜　10個
- だいこん　小2
- ねぎ　少々

【調味料】
- 塩　大さじ5〜6
- にんにく　2片
- しょうが　少々
- 昆布とかつおのだし汁　2カップ
- もち米の粉（又は小麦粉）　大さじ1
- 唐辛子の粉　大さじ1
- 果物の絞り汁（梨又はりんご）　半カップ

【下準備】
- ◎チンゲン菜を半分に切り、根元にも切り目を入れて、塩をふり3〜4時間おく。
- ◎大根は短冊に切り、小さじ2の塩をする。
- ◎ねぎはせん切りにする。
- ◎だし汁にもち米の粉を溶かし、煮立ててとろみをつけて、冷ましておく。
- ◎にんにくとしょうが、唐辛子をガーゼの袋（又は麦茶の袋）に入れる。

【作り方】
1. チンゲン菜はさっと水洗いをしてざるにあげる。大根はざるにあげる。
2. 1.とねぎ、だし汁、唐辛子の袋を合わせ、果物の汁を加える。
   ▶1日おくとよい。

136 キャベツの即席キムチ

【材　料】
- キャベツ　1/2個
- きゅうり　1本
- ねぎ　少々
- ごま　少々

【調味料】
- 塩　大さじ3
- 水　1カップ
- にんにく　1片
- 砂糖　小さじ1
- アミの塩辛　大さじ1
- 酒　大さじ1
- りんごの絞り汁　1/2カップ

【下準備】
- ◎キャベツをざっくりと切る。
- ◎きゅうりは短冊に切る。
- ◎塩を水に溶かす。
- ◎塩、水以外の調味料を全部合わせておく。

【作り方】
1. キャベツときゅうりを合わせ、塩水をふりかける。
2. しんなりしたキャベツをそっと絞り、合わせた調味料と混ぜる。
3. 細く切ったねぎとごまをかける。

137 蔓にんじん（トド）のコチュジャン漬け

【材　料】
- 蔓にんじん（トド）　200g

【調味料】
- コチュジャン　1カップ
- 蜂蜜　大さじ2
- 白だししょうゆ　大さじ1
- 酒　大さじ2

【下準備】
- ◎皮をむいたトドをよく洗い、水分をとる。
  ▶半日干してもよい。

【作り方】
1. 調味料を全部合わせる。
2. 蔓にんじん（トド）を漬け込む。

IX. キムチ

138

139

140

138 えごまの葉のしょうゆ漬け

【材料】
- えごまの葉　100枚

【調味料】
- しょうゆ　1/2カップ
- だし汁　1/2カップ
- みりん　大さじ2
- コチュジャン　大さじ1
- 粉唐辛子　大さじ1
- 青唐辛子　5本
- にんにく　2片
- ごま　少々
- 味噌　大さじ1
- 砂糖　少々

【下準備】
◎えごまの葉は葉の裏をよく見てきれいに洗い、水気をきる。
◎しょうゆ、だし汁、みりんを一度に沸騰させ、完全に冷ましておく。

【作り方】
だし汁に残りの調味料を加えて葉に塗る。

139 豆（枝豆）の葉のしょうゆ漬け

【材料】
- 枝豆の葉　100枚
- 米のとぎ汁　約2ℓ

【調味料】
- しょうゆ　大さじ3
- 味噌　大さじ3
- 昆布だし汁　1カップ
- 粉唐辛子　大さじ3
- にんにく　2片
- ごま　少々

【下準備】
◎枝豆の葉は、裏をよく見てきれいに洗う。
◎米のとぎ汁に薄塩をし、4〜5日重石をしながら漬け込む。
◎しょうゆ、昆布だし汁、味噌を合わせて1度沸騰させ、冷ましておく。

【作り方】
1. 枝豆の葉をしっかり絞る。
2. 残りの調味料を合わせて、枝豆の葉に塗る。

140 いかの塩辛

【材料】
- いか（新鮮なもの）　5はい

【調味料】
- 粉唐辛子　大さじ2
- にんにく　2片
- 酒　少々
- ねぎ　少々
- ごま　少々

【下準備】
◎新鮮ないかの内臓を取り、わたを取り出す。

【作り方】
1. わたをさっと洗い、水気をとる。
2. バットに塩を敷き、わたを転がしてからめる。
3. 密閉した容器に入れて上から少し塩をふって冷蔵庫に4〜5日おく。（締まってかたくなる。）
4. 身は皮をむき、薄い塩水に浸け、3.と同様に冷蔵庫に4〜5日おく。
   ▶4〜5日たったら、わたをぶつ切りにして、せん切りにした4と混ぜる。
5. 調味料とねぎを加える。

X. ご飯類

141

142

143

141 ピビンパ（混ぜご飯）

【材料】
- 牛肉　　　　　150g
- （またはミンチ肉）
- 豆もやし　　　200g
- ゆでわらび　　100g
- きゅうり　　　1本
- 大根　　　　　100g
- 干ししいたけ　4枚
- 卵　　　　　　2個
- きざみのり　　少々

【調味料】
- しょうゆ　適宜
- 砂糖　　　適宜
- 塩　　　　適宜
- こしょう　適宜
- にんにく　適宜
- みりん　　適宜
- コチュジャン　適宜
- ごま　　　適宜

【下準備】
- ◎豆もやしは、ふたをしたまま塩ゆでにする。
- ◎きゅうりと大根はせん切りにし、塩をふる。
- ◎卵は錦糸卵にする。
- ◎干ししいたけは水にもどす。
- ◎材料は全部せん切りにする。

【作り方】
1. 牛肉と干ししいたけはしょうゆ、砂糖、こしょう、にんにく、みりんで甘辛く味をつけ、フライパンで炒める。
2. もやしは塩とごま油で味をつける。
3. わらびはしょうゆと砂糖で味をつけ、フライパンで炒める。
4. きゅうりと大根は水分を絞り、さっと炒め、ごまをふる。
5. どんぶりにごはんを入れ、具をきれいに盛りつけ、刻みのりをのせる。

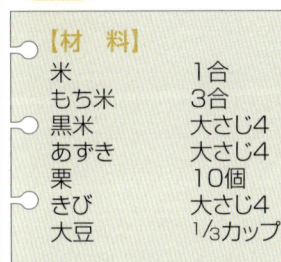

142 五穀飯（オゴッパ）

【材　料】
- 米　　　　1合
- もち米　　3合
- 黒米　　　大さじ4
- あずき　　大さじ4
- 栗　　　　10個
- きび　　　大さじ4
- 大豆　　　1/3カップ

【調味料】
- 打ち水　1/2カップ
- 塩　　　小さじ1

【下準備】
- ◎米ともち米は一緒にして洗い、30分以上水に浸けておき、ざるにあげる。
- ◎黒米ときびは洗っておく。
- ◎あずきと大豆はそれぞれ洗って水にひと晩浸け、さっとかためにゆでておく。
- ◎栗は皮を取り、4つに切る。
- ◎打ち水に塩を入れてを溶かす。
- ◎蒸し器の蒸気を上げておく。
- ◎蒸しふきんをぬらす。

【作り方】
蒸し器にふきんを敷き、全部の材料を入れてかき混ぜ、ふたをして強火で蒸す。20分ほどたったら、かき混ぜながら打ち水をする。さらに、20分ほど強火で蒸す。

143 朝鮮人参（高麗人参）入りご飯

【材　料】
- 米　　　　　4合
- 朝鮮人参　　2本
- なつめ　　　3～5個
- 栗　　　　　5～6個

【下準備】
- ◎米を洗って30分水に浸け、ざるにあげる。
- ◎朝鮮人参はたわしを使って洗う。
- ◎なつめはよく洗って水にもどし、種を取る。

【作り方】
全部を入れて炊く。

X. ご飯類

144

145

146

98

144 豆もやしご飯

【材料】
- 米　　　　　4合
- 豆もやし　　200g
- あさつき　　5本
- 青唐辛子　　1本
- 牛ミンチ　　100g
- 刻みのり　　少々
- だし昆布　　10cm角

【調味料】
- しょうゆ　　大さじ4
- コチュジャン　大さじ1
- ごま　　　　少々
- ごま油　　　小さじ1
- 刻みねぎ　　少々

【下準備】
- ◎米は洗ってざるにあげておく。
- ◎豆もやしは根を取り、きれいに洗う。
- ◎牛ミンチは塩、こしょうをして、フライパンでからいりをする。
- ◎あさつき、青唐辛子はみじん切りにする。
- ◎調味料を全部合わせる。

【作り方】
1. 釜に米を入れ、いつもより少なめの水かげんで、昆布、酒大さじ3、もやしを入れて炊く。
2. ミンチに、あさつき、青唐辛子、合わせた調味料を混ぜる。
3. 炊き上がったら、ざっくりかき混ぜて、刻みのりと調味料をかける。

145 松の実のおかゆ（チャッチュ）

【材料】
- 松の実　　　1/2カップ
- 米　　　　　1カップ

【調味料】
- 塩　　　　　適宜

【下準備】
- ◎米は洗っておく。
- ◎松の実はさっと洗う。

【作り方】
1. 米をミキサーに入れ、3～4カップの水を加え、少しつぶが残る程度にする。
2. 松の実はミキサーに入れ、2カップの水を加え、滑らかになるまですりつぶし、ガーゼの袋に入れてこす。
3. 米を鍋にうつして水3カップを足し、火にかける。とろみがでてきたら松の実を加えて煮立て、塩で味を整える。
▶こげつかないように、常に木しゃもじでかき混ぜる。

146 あわびのおかゆ（チョンボックチュ）

【材料】
- あわび　　　2個
- 米　　　　　1カップ

【調味料】
- ごま油　　　大さじ1/2
- 塩　　　　　適宜
- しょうゆ　　適宜

【下準備】
- ◎米は洗っておく。
- ◎あわびは殻からはずして内臓を取り除き、薄切りにする。

【作り方】
1. 米をミキサーに入れ、4～5カップの水を加え、半つぶしぐらいにする。
2. 鍋にごま油を入れてあわびを炒め、1.を加えて約30分ほど弱火で煮る。
3. 塩で味をつける。
▶好みでしょうゆを加えてもよい。

X. ご飯類

147

148

149

147 白ごまのおかゆ

【材料】
- 白ごま　1カップ
- 米　1カップ

【調味料】
- 塩　適宜

【下準備】
- ◎米は洗っておく。
- ◎白ごまは水に4〜5時間つけておく。

【作り方】
1. 白ごまはミキサーに入れ、2カップの水を加えて滑らかになるまですりつぶし、ガーゼの袋に入れてこす。
2. 米をミキサーに入れ、3〜4カップの水を加え、少しつぶが残る程度にする。
3. 米を鍋にうつして、水3〜4カップを足し、火にかけとろみが出てきたら、白ごまを加え、約30分煮立て、塩で味を整える。
   - ▶こげつかないように木しゃもじで常にかき混ぜる。

▶病人食に最適で、その時は水の量を1〜2カップぐらい多くする。

148 あずきのおかゆ

【材料】
- あずき　500g
- 米　1カップ
- 米の粉　1カップ
- もち米粉　1カップ

【調味料】
- 塩　少々
- 砂糖　好み

【下準備】
- ◎あずきを洗って水に浸け、5〜6時間以上おく。
- ◎あずきをやわらかく煮る。
- ◎米は洗ってざるにあげておく。
- ◎米の粉ともち米粉を合わせて塩少々を加え、ぬるま湯（大さじ10杯）を差しながら、耳たぶぐらいの柔らかさにこねておく。

【作り方】
1. 10カップの水であずきを柔らかく煮る。
2. 煮えたあずきを木しゃもじでこしながら皮をとり、そのままおいて、沈殿させる。
   - ▶下に沈んだ物が、あん。
3. こねた物を親指ほどの大きさに丸めてだんごを作る。
4. 2.の上澄み液だけを取り、火にかけて沸騰してきたら米を入れて約15分煮る。
5. あんと3.のだんごを入れ、かき混ぜながらだんごが浮いてくるまで煮る。
   - ▶塩で味をつける。
   - ▶隠し味で砂糖を少し入れてもよい。

149 黒ごまのおかゆ

【材料】
- 黒ごま　1カップ
- 米　1カップ

【調味料】
- 塩　適宜

【下準備】
- ◎黒ごまはさっと洗って、ひと晩水に浸けておく。
- ◎米は洗って2時間ほどおく。

【作り方】
1. 黒ごまはミキサーに入れ、2カップの水を加えて滑らかになるまですりつぶし、ガーゼの袋に入れてこす。（皮を取る）
2. 米をミキサーに入れ、3〜4カップの水を加え、少しつぶが残る程度にする。
3. すりつぶした米を厚手の鍋に移し、水3カップを足して火にかける。
4. とろみが出てきたら黒ごまを加えて煮立て、弱火で少し煮る。
   - ▶こげつかないように、木しゃもじで常にかき混ぜる。
   - ▶でき上がる寸前に塩を加える。

▶病人食に最適で、その時は水の量を1〜2カップぐらい多くする。

X. ご飯類

150

151

152

150 かぼちゃのおかゆ（ホバッチュ）

【材料】
- 韓国のかぼちゃ　1/4個
- 日本のかぼちゃ　1/4個
- ゆであずき　1/2缶
- もち米の粉　2カップ

【調味料】
- 塩　適宜

【下準備】
◎かぼちゃは皮を取って適当に切り、つかるぐらいの水で柔らかくなるまで煮る。
◎もち米の粉に塩小さじ1/2を入れ、1カップのぬるま湯を徐々に加えて耳たぶぐらいの柔らかさに練り、親指ほどの大きさに丸めておく。

【作り方】
1. かぼちゃの実を取り出しつぶす。
2. かぼちゃの煮汁に水1カップ加え、沸騰したらだんごを加え、一煮立ちしたら1.のかぼちゃとあずきを入れる。
3. もち米の粉大さじ2を少量の水でとき、2.に加え、とろみをつける。
4. 塩で味を整える。

151 緑豆のおかゆ

【材料】
- 緑豆　1カップ
- 米　1カップ

【調味料】
- 塩　適宜

【下準備】
◎米は洗っておく。
◎緑豆は水にひと晩つけてやわらかく煮ておく。

【作り方】
1. 緑豆はミキサーに入れ、2カップの水を加えて滑らかになるまですりつぶし、ガーゼの袋に入れてこす。
2. 米をミキサーに入れ、3〜4カップの水を加えて少しつぶが残る程度につぶす。
3. 米を鍋に移して水3〜4カップを足し、火にかけて約20分煮る。とろみが出てきたら緑豆を加えて煮立て、塩で味を整える。
▶こげつかないように、木しゃもじで常にかき混ぜる。

152 たらの白子雑炊

【材料】
- たらの白子　200g
- 米　1カップ
- しいたけ　2枚
- 春菊　少々
- だし昆布　10cm
- かつお　おわん1杯

【調味料】
- 酒　大さじ1
- 塩　適宜

【下準備】
◎米は洗い、水に浸けておく。
◎昆布とかつおのだし汁を取り、6カップ準備する。
◎白子は塩水できれいに洗い、酒をふりかける。
◎しいたけ、春菊は適当な大きさに切る。

【作り方】
1. 鍋に米を入れ、だし汁を加えて煮る。
2. 沸騰したらかき混ぜ、白子としいたけを入れてふたをし、噴きこぼれないように弱火にして煮る。約30分。
3. でき上がったら春菊を加える。
4. 塩で味をつける。

X．ご飯類

153

154

155

153 かき雑炊

【材　料】
かき	10〜15粒
米	1カップ
しいたけ	2枚
卵	1個
ねぎ	少々
だし昆布	10cm
かつお	おわん1杯

【調味料】
塩	少々
しょうゆ	適宜

【下準備】
◎米は洗い、水に浸けておく。
◎かきは塩水できれいに洗う。
◎しいたけとねぎは細かく切る。
◎こぶとかつおのだし汁を取り、6カップ準備する。

【作り方】
1. 鍋に米を入れ、だし汁を加えて煮る。
2. 沸騰したらかき混ぜ、米が煮えたら、かきとしいたけを入れてふたをし、噴きこぼれないように弱火にして煮る。約10分。
3. 卵を溶いて、でき上がる寸前に流し入れる。
4. 塩で味をつける。

154 冷やしピビンメン　　＜麺　類＞

【材　料】
そうめん(冷やむぎ)	3束
きゅうり	2本
干ししいたけ	4枚
牛肉薄切り	200g
白菜キムチ	少々
卵(錦糸卵)	1個分
焼きのり	少々

【調味料】
だし汁	昆布とカツオ
A………………	
しょうゆ	
ごま	
唐辛子	
ごま油	
B………………	
コチュジャン	小さじ2
ごま油	小さじ2
しょうゆ	大さじ1
刻みねぎ	大さじ1

【下準備】
◎だし汁はしょうゆで薄く味をつける。
◎きゅうりは皮をむいてせん切りにし、調味料Aで味をつける。
◎干ししいたけは水にもどしてせん切りにし、調味料Aで炒める。
◎牛肉は切って、にんにくとこしょう、調味料Aで味をつけて炒める。
◎キムチ、錦糸卵は細かく切る。
◎調味料Bを混ぜ合わせる。
◎そうめんをゆでる。

【作り方】
そうめんに全部混ぜ合わせた調味料Bで味をつけ、それぞれ具をのせて、だし汁をかける。

155 冷やし大豆スープうどん　　＜麺　類＞

【材　料】
大豆	200g
細うどん	4〜5人分
細ねぎ	少々
きゅうり	1本
きな粉	大さじ2
すいか	少々

【調味料】
塩	適宜

【下準備】
◎大豆はひと晩水につける。
◎きゅうりを切る。

【作り方】
1. 鍋に大豆を入れて少し煮、すり鉢に大豆を入れて手でこすりつけながら丁寧に皮を取り除く。
2. 鍋に大豆と水600ccほど入れ、柔らかくなるまで煮る。
3. ミキサーに入れてすりつぶし、きな粉も加える。
4. どろどろになった大豆に水3〜4カップを加え、もう一度ミキサーにかける。
5. 鍋にうつし、塩で味を整えて、一度煮立てて、冷やす。
6. 器に麺を入れてスープをかけ、細ねぎときゅうり、すいかを飾る。

X．ご飯類

156

157

156 松餅（ソンピョン） ＜餅　類＞

【材料】
- 米の粉　　　　2½カップ
- もち粉　　　　1カップ
- あずきの粉　　少々
- 缶入りゆであずき　小1個
- 松の葉　　　　1握り

【調味料】
- すりごま　　　大さじ5
- はちみつ　　　大さじ2
- よもぎの粉　　大さじ1
- くちなしの実　1個

【下準備】
- ◎くちなしの実は、洗って湯に浸けて黄色い汁を取る。
- ◎米の粉ともちの粉を混ぜ合わせ3等分にする。
- ◎缶あんこにあずきの粉を少しずつ入れていき、水分のないあんこに練りあげる。
- ◎すりごまにはちみつを加えて練る。
- ◎蒸し器に洗った松の葉を敷いて蒸気を上げておく。

【作り方】
1. 1つめは緑に。よもぎの粉と塩少々を入れてぬるま湯を加えていく。
2. 2つめは黄色く。くちなしの汁と塩少々を入れていく。
3. 3つめは白く。塩少々を加え、ぬるま湯を少しずつ入れていき、耳たぶほどの固さにこねる。
4. 500円玉ほどの大きさに取り、丸く丸めてから5〜6cmの平たい丸にする。
5. それぞれ適当にあんまたはごまをつめて、貝の形に作って閉じる。
6. 蒸し器に松の葉を敷き、重ならないように並べて5分蒸し、その上に重ねるように残りを加えていき、最後に入れた物を5分蒸す。
7. 取り出したらすぐに、ごま油をたらした水にくぐらせる。水分をきる。

157 花餅（ファジョン） ＜餅　類＞

【材料】
- 餅米の粉　　　2カップ
- よもぎの葉　　少々
- （または春菊の葉）
- なつめ　　　　少々
- 松の実　　　　少々
- 干しぶどう　　少々
- 皮剥きごま　　少々

【調味料】
- 塩　　　　　　少々
- せんじの蜜　　大さじ4
- （かき氷の蜜を色づけに使う）
- ぬるま湯　　　⅔カップ
- サラダ油　　　適宜

【下準備】
- ◎餅米の粉に蜜と塩、ぬるま湯を加えて、耳たぶぐらいの柔らかさに練る。10分ほど置いておく。
- ◎なつめは、たねを取り細く切る。
- ◎よもぎの葉（または春菊の葉）は、葉の先をちぎる。

【作り方】
1. 5cmほどの平たい丸に形を作り、なつめ、よもぎ、松の実、ごま、干しぶどうで模様をつける。
2. フライパンに油をひき、弱火で焼く。

X. ご飯類

158

159

160

161

162

158 草餅（よもぎ餅）＜餅　類＞

【材料】
もち米　　　　7合
よもぎの粉　　大さじ3

【調味料】
水　　　　　350cc
砂糖　　　　大さじ3

【下準備】
▶自動餅つき機を使う。
◎もち米を洗って1時間ほど浸けておき、ざるにあげる。

【作り方】
1. 餅つき機に水と餅米を入れて蒸す。
2. 蒸し上がったらよもぎの粉と砂糖を入れて餅をつく。
　▶きな粉を付けて食べる。

159 よもぎの焼き餅＜餅　類＞

【材料】
もち米の粉　　3カップ
よもぎの粉　　大さじ3

【調味料】
塩　　　　　小さじ½
砂糖　　　　大さじ3
ぬるま湯

【下準備】
◎もち米の粉によもぎの粉を混ぜ、塩と砂糖、ぬるま湯を加える。
　▶柔らかくなりすぎないように。

【作り方】
1. 平たく形を整え、フライパンに油をひいて弱火でこんがり両面を焼く。

160 よもぎの蒸しだんご　　　　　＜餅　類＞

【材料】
もち米の粉　　　3カップ
よもぎの粉　　　大さじ3
市販のゆでつぶあん　1缶
市販のこしあんの粉　適宜

【調味料】
塩　　　　　少々
砂糖　　　　大さじ1½
ぬるま湯　　1⅓カップ

【下準備】
◎市販のあんを缶から出して、こしあんの粉を少しずつ加えていって水分を少なくし、親指ぐらいの大きさにそろえて丸めておく。
◎もち米の粉によもぎの粉を混ぜ塩と砂糖を入れ、ぬるま湯を加える。
　▶柔らかくなりすぎないように。
◎蒸し器の湯を沸かし、ねれ蒸しぶきんを敷いておく。

【作り方】
1. 中にあんを入れて5cmぐらいの形になるように丸める。
2. 蒸し器に入れて約15分蒸す。

161 よもぎの姿蒸し＜餅　類＞

【材料】
よもぎ　　　どんぶり1杯
米の粉　　　1カップ

【調味料】
塩　　　　　小さじ1
砂糖　　　　大さじ1
甘納豆　　　少々

【下準備】
◎よもぎをきれいに洗ってざるにあげる。
◎蒸し器の湯を沸かす。
◎蒸し器に蒸しぬれふきんを敷く。

【作り方】
1. よもぎの水分のある状態の内に、塩、砂糖、甘納豆をまぶす。
2. 米粉を1.にふりかける。
3. 蒸し器にふんわりと入れて蒸す。約12～15分。

162 じゃがいもの蒸し餅＜餅　類＞

【材料】
じゃがいも　　7個
もち米の粉　　大さじ2

【調味料】
塩　　　　　小さじ½
砂糖　　　　大さじ2
あん　　　　適宜

【下準備】
◎皮をむいたジャガイモをすりおろし、ガーゼの袋に入れる。
◎ガーゼの袋のまま水につけて2～3度もみ洗いをし、汁は別鍋に取っておく。ガーゼの中身はきつく絞っておく。
◎蒸し器にぬれぶきんを敷く。

【作り方】
1. ガーゼの袋の中身のジャガイモに、別鍋の底に沈んだ片栗粉だけを混ぜる。水は捨ててよい。
2. 1.にもち米の粉と塩、砂糖を混ぜてこねる。
3. 2.を適当な大きさに丸めて、あんを詰めて蒸す。約15分。

X. ご飯類

163

164

163 薬飯（ヤッパ） <餅　類>

【材料】
- もち米　　　　1.4kg
- 栗　　　　　　20個
- なつめ　　　　20個
- 干しぶどう　　150g
- 甘納豆（あれば）1袋
- ぎんなん　　　20～30個
- 松の実　　　　少々

【調味料】
- 黒砂糖　　　　250～300g
- しょうゆ　　　100cc
- ごま油　　　　大さじ1
- はちみつ　　　大さじ2

【下準備】
- ◎もち米は、洗って水に浸けておく。（ひと晩）
- ◎栗は皮を取り除く。
- ◎なつめは、種を取り除き細かく切る。
- ◎ぎんなんは皮を取る。
- ◎黒砂糖はしょうゆと水大さじ2で溶かしておく。

【作り方】
1. 蒸気が上がった蒸し器に水をきった米を入れ、強火で20分ほど蒸す。
2. かき混ぜながら200ccほどの打ち水をし、栗をのせる。
3. ふたたび、蒸気が上がったら、かき混ぜながら200ccの打ち水と残りの材料（松の実以外）を入れる。
4. 大きなボールを用意し、3.を移して黒砂糖を入れてかき混ぜる。
5. 蒸し器に戻し、もう一度蒸し、蒸気が上がれば再びボールに取り出し、ごま油とはちみつ、松の実を混ぜ合わせ、適当な型に入れて冷ます。

▶シナモンを加えてもよい。

164 あずきの餅（シリット） <餅　類>

【材料】
- あずき　　　　500g
- もち米の粉　　1kg
- 米の粉　　　　1kg

【調味料】
- グラニュウ糖　100g
- 塩　　　　　　小さじ1
- 水　　　　　　約500cc

【下準備】
- ◎あずきは、ひと晩水に浸けておく。
- ◎あずきがつかる程度の水に塩小さじ1/2を加え、完全に火が通るまで煮て水分を切り、半つぶしにしておく。
- ◎もち米の粉と米の粉、塩をよく混ぜ合わせる。それに水を少しずつ加えながら混ぜ合わせ、握って少し固まり、すぐにつぶれるくらいになったら、2時間ほどぬれぶきんをかけて置いておく。
- ◎作る前に蒸し器にたっぷりの水を入れて蒸気を上げておく。

【作り方】
1. 混ぜ合わせておいた粉をもう一度かき混ぜながら固まりをほぐし（パサパサしているようだったら少し水を加える）、最後に砂糖を入れてかき混ぜる。
2. 蒸し器にぬれぶきんを敷き、あずき、粉、あずき、粉と順番に敷いて一気に20分間蒸す。

X. ご飯類

165

166

167

165 よもぎのシリット（甘納豆入り） ＜餅　類＞

【材料】
- よもぎの粉　大さじ5
- もち米の粉　400g
- 米の粉　600g
- 甘納豆　1袋

【調味料】
- 塩　小さじ2
- 水　約2½カップ
- 砂糖　小さじ1

【下準備】
- ◎もち米の粉、米の粉、よもぎの粉、塩小さじ2杯をボールに入れてよくかき混ぜながら、水2½カップを少しずつ加えていく。握って少し固まり、すぐつぶれるぐらいになったら、ぬれぶきんをかぶせて2時間ほど置いておく。
- ◎蒸し器にたっぷりの湯を入れて蒸気を上げておく。

【作り方】
1. 粉をもう一度かき混ぜながら固まりをほぐし、粉がしっとりするように水を少し加え、砂糖、甘納豆を加えてかき混ぜる。
2. 蒸し器に蒸しぬれぶきんを敷き、粉を入れて一気に15～20分間蒸す。
   - ▶串をさして何もついてこなければでき上がり。

166 かぼちゃのシリット ＜餅　類＞

【材料】
- もち米の粉　600g
- 米の粉　400g
- 水　2カップ
- 干しかぼちゃ　100g
- かぼちゃ　100g
- 皮をむいた生栗　6個
- 干しぶどう　少々

【調味料】
- グラニュウ糖　大さじ5
- 塩　小さじ1

【下準備】
- ◎韓国のかぼちゃを薄く切り、少し干す。
- ◎日本のかぼちゃは薄く切る。
- ◎もち米の粉と米の粉、塩を合わせ、粉をかき混ぜながら、水を少しずつ入れる。（2時間ほどぬれぶきんをかぶせて置いておく）
- ◎蒸しぶきんを水にぬらし、かたく絞る。蒸し器の蒸気を上げておく。

【作り方】
1. 混ぜた粉に霧ふきで水分を少し足し、砂糖を加える。
2. 蒸し器にぬらした蒸しぶきんを敷き、かぼちゃ、栗、干しぶどうを敷く。半分の粉を万遍なく広げ、残りのかぼちゃを敷く。残り半分の粉を広げる。
3. 蒸し器にのせて40～50分強火で蒸す。
   - ▶串をさして何もついてこなければOK。
   - ▶韓国のかぼちゃは薄切りにして干し、保存しておく。

167 甘納豆のシリット ＜餅　類＞

【材料】
- 甘納豆　500g
- もち米の粉　400g
- 米の粉　600g

【調味料】
- 塩　小さじ2
- 水　約2カップ
- 砂糖　小さじ1

【下準備】
- ◎もち米の粉、米の粉、塩小さじ2をボールに入れてよくかき混ぜながら水2カップを少しずつ加えていく。握って少し固まり、すぐつぶれるぐらいになったら、ぬれぶきんをかぶせて2時間ほど置いておく。
- ◎蒸し器にたっぷりの湯を入れて蒸気を上げておく。

【作り方】
1. 粉をもう一度かき混ぜながら固まりをほぐし、粉がしっとりするように水を少し加え、砂糖と甘納豆を加えてかき混ぜる。
2. 蒸し器に蒸しぬれぶきんを敷き、粉を入れて15～20分間一気に蒸す。
   - ▶串をさして何もついてこなければでき上がり。

X. ご飯類

168

169

170

171

168 ケーキ風シリット　　　　　　　　　　　　　　　　　　　　　　　　＜餅　類＞

【材料】
- もち米の粉　　500g
- 米の粉　　　　500g
- 飾りチョコレート　適宜

　＜色付け用＞
- かき氷の蜜
- イチゴ　　　少々
- レモン　　　少々
- メロン　　　少々
- コーヒー　　少々

【調味料】
- 塩　　　小さじ2
- 水　　　約2カップ
- 砂糖　　小さじ5

【下準備】
◎もち米の粉、米の粉、塩をボールに入れてよくかき混ぜ、4～5等分に分ける。
◎水2カップを4～5等分に分けて色付け、それぞれ少しずつ加えて行く。握って少し固まり、すぐつぶれるぐらいになったら、ぬれぶきんをかぶせて2時間ぐらい置いておく。
◎蒸し器にたっぷりの湯をいれて蒸気を上げておく。

【作り方】
1. 粉をもう一度かき混ぜながら固まりをほぐし、粉がしっとりとするように霧吹きで水を少し加え混ぜる。
2. 蒸し器に蒸しぬれぶきんを敷き、粉を順番に入れて15～20分間一気に蒸す。
   ▶串をさして何もついてこなければ出来上がり。
3. 完全に冷めてから飾り用のチョコレートをのせる。

169 水煎果　　　　　　　＜デザート＞

【材料】
- 干し柿　　　5個
- しょうが　　大1～2個
- ニッキの皮　15cmぐらいの物2本
- 粉シナモン　少々
- 砂糖　　　　カップ½
- はちみつ　　大さじ2～3
- 松の実　　　少々

【下準備】
◎ニッキの皮をさっと洗っておく。
◎干し柿は種を取り、湯通ししておく。

【作り方】
1. 水2ℓにしょうがとニッキの皮を入れて、沸騰したら中火で20分ほど煮る。
2. 1の中身を取り出し、砂糖とはちみつ、粉シナモンを入れて好みの甘さにする。
3. 干し柿の水分をふきとり、器に一つずつ入れ、冷ました2を加えて松の実を浮かす。

170 きんかんの飲物　＜デザート＞

【材料】
- きんかん　　約30個
- しょうが　　大1～2個
- 砂糖　　　　カップ½
- はちみつ　　大さじ2～3
- 松の実　　　少々

【下準備】
◎きんかんは、きれいに洗ってざるにあげておく。
◎しょうがは薄切りにしておく。

【作り方】
1. 水2ℓにしょうがときんかんを入れて、沸騰したら中火で20分ほど煮る。
2. 砂糖とはちみつを入れて、好みの甘さにする。
3. 一人あたりきんかん3～4個を器に入れて、松の実を浮かす。

171 甘酒（シッケ）　　　　　　　　　　　　　　　　　　　　　　　　　　＜デザート＞

【材料】
- 麦芽粉　　1升分
- もち米　　5合
- 松の実　　少々

【調味料】
- 砂糖　　　2カップ

【下準備】
◎麦芽粉を水5ℓにつけておく。
◎もち米は洗って1時間ほど水につけておく。

【作り方】
1. もち米を蒸し、（途中で1度さし水をする）、蒸し上がったら熱いうちに保温器（ジャー）に入れる。
2. 鍋に麦芽の透き通った上澄み液を入れて少し火にかけ、砂糖を1カップを加え、45度ほどに暖め、1.の保温器に入れる。
   ▶4～5時間すると米が2、3粒浮いてくる。
3. 保温器から鍋に移して火にかける。米が浮いてきたら、アクをとりながらしばらく沸騰させる。
   ▶途中で味をみながら砂糖を足す。
   ▶冷たく冷やして、松の実を浮かべてでき上がり。
   ▶温かいままでもよい。

XI. 祝膳の代表

172 九節板（クジョルパン）

【材　料】		【調味料】	
小麦粉	2カップ	塩	適宜
卵	2個	しょうゆ	適宜
えび	5尾	にんにく	適宜
干ししいたけ	5枚	こしょう	適宜
いんげん	1袋	酒	適宜
にんじん	1本	ごま油	適宜
ごぼう	1本	煎りごま	適宜
牛肉	200g	＜辛し酢味噌＞	
		コチュジャン	大さじ2
		酢	大さじ2
		砂糖	大さじ2
		ごま	少々

【下準備】
- ◎小麦粉を水2カップでのばし、塩少々を混ぜる。
- ◎えびは殻を取って塩、こしょうをする。
- ◎干ししいたけは水にもどし、せん切りにする。
- ◎いんげんとにんじんはせん切りにする。
- ◎牛肉とごぼうはせん切りにする。
- ◎卵は錦糸卵にしておく。

【作り方】
1. フライパンに薄く油をひき、6cmほどの大きさの円に焼く。
   ▶薄い方がよい。（水を足して調節する）
2. えびは蒸す。
3. 干ししいたけと牛肉、ごぼうは、しょうゆ、砂糖、こしょう、にんにくで味つけてフライパンで炒める。
4. いんげんとにんじんは塩とにんにくで味をつけ、さっとフライパンで炒める。

▶薄焼きした皮に各種の材料を包み、三杯酢または辛し酢味噌（チョジャン）を付けて食べる。

173 神仙炉

【材　料】		【調味料】	
牛ミンチ	200g	牛骨スープ(ガラスープ)	
えび	5尾	ごま油	適宜
白身魚	2切れ	しょうゆ	適宜
かにかまぼこ	少々	こしょう	適宜
うずら	3個	小麦粉	適宜
ぎんなん	10個		
せりまたは三ッ葉	半束		
にんじん	1/2本		
大根	5cm		
干ししいたけ	3枚		
糸こんにゃく	1パック		
いか胴	1/2ぱい分		

【下準備】
- ◎牛ミンチは塩、酒、こしょうをして片栗粉を加え、だんごにして湯にくぐらせる。
- ◎白身魚とかにかまぼこは薄切りにして水に溶いた小麦粉をつけ、フライパンで焼く。
- ◎にんじんと大根、ごぼうは切りそろえてさっと塩ゆでにする。
- ◎干ししいたけは水にもどして切りそろえ、しょうゆと砂糖で味をつけて煮ておく。
- ◎いかはかのこに切り目を入れて、さっとゆでて切る。
- ◎うずらの卵はゆでて皮をむく。
- ◎ぎんなんは、炒めて皮を取る。

【作り方】
1. 鍋に糸こんにゃくを敷き、切った材料を並べていく。
2. スープににんにくとこしょう、しょうゆで味をつけておく。
3. 鍋にスープを入れて煮る。

●PART2 韓国家庭料理

▼セット
▼四〇種類

セット料理

（〇内の数字は料理番号）

174
- ⓐ ぎょうざのスープ（マンデゥック） 4
- ⓑ 生菜（そばの葉のあえ物） 42
- ⓒ するめのあえ物 37
- ⓓ 白菜のキムチ 120

177
- ⓐ 牛肉のスープ 6
- ⓑ 春菊のナムル 50
- ⓒ いか焼き 82

175
- ⓐ 里芋のえごま汁 7
- ⓑ 松餅（ソンピョン） 156
- ⓒ 鶏肉のあえ物 58

178
- ⓐ 牛の尾のスープ 5
- ⓑ ふきの葉のしょうゆ漬け
- ⓒ 韓国かぼちゃの炒め物 64
- ⓓ 大根のキムチ（カクテギ） 124

176
- ⓐ 豆腐とあさりの汁 8
- ⓑ 唐辛子の葉のナムル 51
- ⓒ 白菜のキムチ 120

179
- ⓐ しろ菜と鰯の味噌汁 9
- ⓑ えいのさしみ 100
- ⓒ 唐辛子の葉のあえ物

180
- ⓐ白身魚のだんごスープ　12
- ⓑオクラのあえ物　30
- ⓒごぼうのあえ物　31

183
- ⓐたち魚と大根の煮物　92
- ⓑほうれん草ののり巻き　36
- ⓒ卵と豆腐の蒸し物　69

181
- ⓐどじょう汁（チゥッタン）　11
- ⓑ大根葉のキムチ　132
- ⓒ冷奴

184
- ⓐ焼き魚（このしろ）　80
- ⓑ生菜（サニーレタスのあえ物）　39

182
- ⓐ砂肝の串焼き　119
- ⓑキャベツの即席キムチ　136
- ⓒきんぴらごぼう

185
- ⓐまぐろのあえ物　101
- ⓑわかさぎの甘酢あえ　62
- ⓒからし菜のキムチ　133

セット料理

(◯内の数字は料理番号)

186
- ⓐホルモン鍋 　22
- ⓑチョンガーキムチ 　127
- ⓒ春菊のナムル 　50

189
- ⓐ海産鍋（たらのメウンタン） 　19
- ⓑわけぎのお好み焼き（パジョン） 　79
- ⓒ白菜の水キムチ 　121

187
- ⓐ辛い貝鍋 　21
- ⓑ牛肉のしょうゆ漬け 　108
- ⓒ豆（枝豆）の葉のしょうゆ漬け 　139

190
- ⓐじゃがいも鍋（カムジャタン） 　20
- ⓑ生菜（三つ葉とねぎのあえ物） 　41

188
- ⓐ海産鍋（たこのメウンタン） 　24
- ⓑひまの葉のおひたし
- ⓒかりもりのコチュジャン漬け

191
- ⓐえびの蒸し物 　89
- ⓑどんぐりのム 　71
- ⓒきゅうりとわかめの冷やしスープ 　13

192
ⓐ豚肉スペアーリブの蒸し物　114
ⓑ白菜のキムチ　120
ⓒにんにくの茎の炒め物　65

195
ⓐ豆もやしごはん　144
ⓑなまこのあえ物　57
ⓒ白菜の水キムチ　121

193
ⓐいわしのアスパラ巻　93
ⓑ生菜（サラダ菜のあえ物）　40

196
ⓐあんこうのあんかけ（アグチム）　85
ⓑいいだこと大根のあえ物　60
ⓒ生菜（大根とにんじんのあえ物）　43

194
ⓐテールと野菜のスープ　3
ⓑそばの葉のナムル　47

197
ⓐかれいの衣焼き
ⓑ牛肉とキムチの串焼き　105
ⓒいかとトラジ（ききょうの根）のあえ物　61

セット料理

(○内の数字は料理番号)

198
- ⓐ牛肉の網焼き　103
- ⓑ焼き豆腐　78
- ⓒ姫竹ときくらげのあえ物　34

201
- ⓐいか焼き　82
- ⓑチンゲン菜の水キムチ　135
- ⓒじゃこの炒め物　97

199
- ⓐピビンパ（混ぜご飯）　141
- ⓑきゅうりの水キムチ　131
- ⓒ大豆もやしのスープ　15

202
- ⓐめばるの煮物　94
- ⓑ小なすの肉詰め蒸し　66
- ⓒ抜き菜のあえ物

200
- ⓐユッケジャン（肉の辛いスープ）　1
- ⓑ牛アキレスのゼリー固め　111
- ⓒ大根のキムチ　126

203
- ⓐ豚肉とキムチの炒め物　115
- ⓑしいたけのナムル　48
- ⓒもやしのナムル　49

204
ⓐ牛肉のフライパン焼き　104
ⓑくずきりのあえ物　29
ⓒ干したら（ミョンテ）のあえ物　59
ⓓきゅうりの漬け物（オイキムチ）　130

205
ⓐ棒だら（ミョンテ）の蒸し物　91
ⓑ生がきのあえ物　56
ⓒかりかりきゅうりのマヨネーズあえ　32

206
ⓐたち魚の焼き物　84
ⓑぜんまいのナムル　28
ⓒほうれん草のナムル　45

207
ⓐ砂肝の野菜煮　118
ⓑししとうの肉詰め蒸し　68
ⓒ白菜のキムチ　120

208
ⓐ韓国の雑煮（トック）　17
ⓑごぼうのあえ物　31
ⓒ大根のキムチ（カクテギ）　124

209
ⓐチョギ（いしもち）の揚げあんかけ　86
ⓑ岩のりのあえ物　28
ⓒそばのム　70

セット料理

（◯内の数字は料理番号）

210
ⓐ 白身魚のだんごスープ　12
ⓑ えいの蒸し物　88
ⓒ 大豆もやしのナムル　44

211
ⓐ 鶏肉と野菜のスープ　2
ⓑ 姫竹とにらのあえ物　35
ⓒ ほうれん草のナムル　45

212
ⓐ 大豆もやしのスープ　15
ⓑ ゆでタン　112
ⓒ キムチ

213
ⓐ 白菜のキムチ　120
ⓑ 大根のキムチ（カクテギ）　124

214
ⓐ ちしゃば
ⓑ ごまの葉
ⓒ わけぎ
ⓓ 生唐辛子

＜生野菜＞

215
＜ガーゼの袋に入った状態＞
ⓐ 「参鶏湯」のときの米とその他
ⓑ 「水キムチ」のときのにんにくとしょうが
ⓒ にんにくとしょうがと粉唐辛子

著者紹介

　著者具日會女史は在日韓国人二世として広島県に生まれる。

　幼少の頃から母親の作る韓国料理に興味を覚え、14歳頃には見よう見まねで覚えた料理を一人で作り両親を驚かせた。

　女史が愛知県の韓国人婦人会々長になったとき、県内の各市町村から韓国料理教室を是非開いてほしい、という要請が強くあり、またカルチャーセンターやインターナショナル婦人会、更には愛知県日韓親善協会などからも同じような要望が強く、「食文化を通じての日韓の親善に役立つなら」ということから、これらの団体に出張教室として開講することになった。

　1986年のアジア競技大会、88年のソウルオリンピック大会を契機に、日本の社会も少しずつ韓国ブームが起き、韓国への日本人観光客も年間100万人を越えるようになった。

　またオリンピックの協賛番組に名古屋の民放が放送した「韓国のスタミナ料理」「家庭で手軽にできる韓国料理」に出演して韓国料理の関心が急速に広まった。

　在日韓国人の二世、三世たちからも「韓国料理を定期的に習いたい」という要請が多く、10年前より韓国学校で定期的に料理教室を開いている。

　また、韓国のKBSテレビの「日本で活躍している在日韓国人」という番組に出演し、本国でもこの料理教室が広く知れわたった。

　現在韓国家庭料理の日本における第一人者として活躍している。

新装版
具日會の手軽にできる韓国家庭料理

2005年3月10日　第1刷発行

著　者　　具　日　會（クイルフェ）
発行者　　前　田　完　治
発行所　　株式会社　三修社
　　　　　〒110-0004　東京都台東区下谷1-5-34
　　　　　TEL03-3842-1711
　　　　　FAX03-3845-3965
　　　　　http://www.sanshusha.co.jp/
　　　　　振替口座　00190-9-72758
　　　　　編集担当　藤田眞一

出版協力　　育英出版社　鶴岡正夫
組　版　　YONEHARA PRINTING CO., LTD.
印刷製本　　壯光舎印刷株式会社

© 2005 Printed in Japan
ISBN4-384-00238-6 C2077

〈日本複写権センター委託出版物〉
本書の全部または一部を無断で複写（コピー）することは、著作権法上での例外を除き、禁じられています。本書からの複写を希望される場合は、日本複写権センター（Tel.03-3401-2382）にご連絡ください。

カバーデザイン　　峯岸孝之